PIERRE FRANCKH

DIE
77
erfolgreichsten
WUNSCH
REGELN

Wichtiger Hinweis

Die im Buch veröffentlichten Ratschläge wurden von Verfasser
und Verlag sorgfältig erarbeitet und geprüft. Eine Garantie
kann dennoch nicht übernommen werden. Ebenso ist die
Haftung des Verfassers bzw. des Verlages und seiner Beauftragten
für Personen-, Sach- und Vermögensschäden ausgeschlossen.

Pierre Franckh gibt Seminare und Intensivkurse.

Termine findest du unter:
www.Pierre-Franckh.de

© KOHA-Verlag GmbH Burgrain
Alle Rechte vorbehalten
1. Auflage 2011

Lektorat: Maria Müller
Innenlayout: Johannes Wiebel | punchdesign
Fotos: Pierre Franckh, Michaela Merten, Julia Franckh
Gesamtherstellung: Karin Schnellbach
Druck: Offizin Andersen Nexö Leipzig
ISBN 978-3-86728-143-0

Inhaltsverzeichnis

4

Vorwort

Durch unsere Überzeugungen erschaffen
wir unsere Realität.

Seit vielen Jahren berichte ich nun in meinen Vorträgen und Seminaren, wie man durch Gedankenkraft auf sehr leichte und äußerst effektive Weise sein Leben wieder selbst in die Hand nehmen kann. Seit ebenso vielen Jahren erreichen ganz viele Menschen auf diese Weise ihre Ziele.

Deswegen ist alles, was du in diesem Buch lesen wirst, keine reine Theorie, sondern etwas, das bei vielen Menschen bereits bestens funktioniert hat. Genau genommen entstand dieses Buch auch auf Drängen dieser Menschen, die mich baten, dieses Wissen nicht nur auf meinen Seminaren, sondern die wichtigsten Regeln gesammelt in einem Buch mitzuteilen.

Auch du kannst dein Leben
erfolgreich gestalten,
spielerisch und leicht.

Das glaubst du nicht? Vielleicht bist du im Moment davon überzeugt, dass das Erreichen von Zielen allein durch Gedankenkraft unmöglich ist. Dann ist das deine Überzeugung. Daran ist nichts falsch oder richtig, nichts gut oder schlecht. Es ist einfach deine Überzeugung. Diese feste Überzeugung hat allerdings Konsequenzen, denn genau danach wird sich dein Leben ausrichten und entwickeln. Denn alles, alles geschieht nach deiner Überzeugung.

Wir alle haben feste Vorstellungen davon, wie gewisse Dinge ablaufen sollen. Wir sind sogar überzeugt davon, dass sie nur auf diese Weise ablaufen können, ja, sogar müssen. Und weil wir so felsenfeste Vorstellungen haben, schaffen wir es meist nicht, von eingefahrenen Gleisen abzuweichen.

Feste Vorstellungen sind nichts
anderes als Überzeugungen.
Überzeugungen wiederum sind
die wahren Schöpfer unseres Lebens.

Ganz gleich, welche Überzeugung du also jetzt im Moment hast, dieses Buch wird »neue«, andere Erfahrungen in dir reifen lassen, auch wenn sie in Wahrheit gar nicht so neu sind. Denn alles, was ich hier schreibe, kennst du bereits. Du hast es nur vergessen, so wie ich es auch vergessen hatte.

Vielleicht hast du in der Vergangenheit auch nur die falschen Annahmen oder die Aussagen anderer Leute für richtig gehalten. Was aber, wenn deine Überzeugungen auf falschen Tatsachen und Informationen basieren? Die Frage ist also einzig und allein: Was sind deine Überzeugungen? Und wie kannst du sie beeinflussen?

Deswegen werden wir in diesem Buch vermutlich vieles anders machen, als du vielleicht erwartest, und dabei wirst du wahrscheinlich viele irreführende Überzeugungen loslassen.

Mit den 77 Regeln in diesem Buch haben wir Folgendes vor. Wir werden ...

... den *Verstand* ein bisschen auf unsere Seite bringen, damit er nicht länger gegen uns arbeitet;

... alte, deine Persönlichkeit verhindernde *Programme und Überzeugungen* aufspüren und transformieren und neue nützliche Programme und Überzeugungen aufbauen.

Und ja – all dies geht spielerisch und leicht! Du brauchst dieses Buch auch nicht chronologisch durchzuarbeiten. Nimm dir einfach immer wieder verschiedene Kapitel vor. Stöbere ein bisschen, und was dir gefällt, wendest du an. Gehe nach dem Lustprinzip. Was dir heute Spaß macht, zeigt dir, wofür du heute offen bist. Morgen nimmst du dir ein anderes Kapitel vor.

Und dabei wünsche ich dir viel Spaß.

Diese 77 Regeln habe ich für dich aufgeschrieben, damit sich all deine Wünsche, deine Sehnsüchte und Hoffnungen auch in deinem Leben realisieren können.

Alles Liebe
Dein Pierre

Ich bin
reine
Lebensfreude.

1

Beschäftige dich konsequent mit deinen neuen Zielen

Wie wir bereits wissen, können wir durch neue Denkweisen und neue Handlungen neue Nervenzellen des Gehirns aktivieren. Wir können unser Gehirn sozusagen zum Erfolg trainieren.

Aktuelle Erkenntnisse aus der Hirnforschung besagen, dass unser Gehirn veränderbar ist. Es lässt sich formen, je nachdem welcher Tätigkeit wir nachgehen. Es verändert sich nicht nur theoretisch, sondern physisch. Es verändert sich je nachdem, welchen neuen Gedanken wir nachgehen oder welche neuen Erfahrungen wir machen. Man ließ Probanden eine gewisse Zeit lang unbekannte Tätigkeiten ausführen und konnte feststellen, dass der Bereich des Gehirns, der dafür benutzt wurde, an Größe zunahm, vergleichbar mit einem Muskel, den man trainiert, während sich andere Bereiche des Gehirns, die man brachliegen ließ, verkleinerten. Das Gehirn schrumpfte an dieser Stelle tatsächlich in seiner Größe. Gleichzeitig schlossen sich neue Synapsen, der Fluss an Energie nahm dort zu und es begannen sich neue, andere automatische Gedankenketten zu aktivieren.

Das Gehirn besitzt also die Fähigkeit, seine Vernetzungen zu verändern und neue Verknüpfungen von Neuronen auszubilden, wenn wir für eine gewisse Zeit Neues tun oder denken. Die dafür zuständigen Neuronen verändern ihre Funktionen, damit die neuen, dafür nötigen elektrischen Signale – und damit auch die Informationen – wesentlich schneller und leichter weitertransportiert werden können.

Die Wissenschaft hat für diese überraschende Fähigkeit des Gehirns, sich vollständig verändern zu können, bereits einen Namen gefunden: *Plastizität.*

Das wirklich Faszinierende daran ist nun für uns, dass wir jederzeit eine neue Wirklichkeit für unser Leben erschaffen können. Unser Gehirn reagiert auf unsere Gedanken und bildet je nachdem seine Neuronen aus. Unser Gehirn vernetzt sich völlig neu.

Trainieren wir also für eine gewisse Zeit durch neue Denkweisen unsere bisher brachliegenden Abschnitte des Gehirns, können unsere Erfahrungen in Zukunft völlig anders verlaufen.

Allerdings benötigt unser Gehirn etwas Zeit, um sich umzuwandeln. Werden Nervenzellen gezielt angeregt, bauen sie auch gezielt Verbindungen zu ihren Nachbarzellen auf, und zwar innerhalb von Minuten. Sie bauen schon mal eine »kleine Straße«. Bis diese Straße »befahrbar« ist, also die Informationen tatsächlich ausgetauscht werden können, vergeht allerdings ein Tag. Neurobiologen des Max-Planck-Instituts haben erforscht, dass unsere Nervenzellen bis zu 24 Stunden brauchen, um über die neu gebauten Kontaktstellen Informationen auszutauschen.

Alles neu Erlernte braucht eben seine Zeit. Innerhalb der ersten 8 Stunden wachsen erst einmal kleine Verästelungen. In den darauf folgenden Stunden und Tagen entscheidet sich, ob diese weitergebaut werden und Bestand haben sollen oder nicht.

Wollen wir die neuen Informationen aber behalten, brauchen wir eine gezielte Wiederholung derselben. Das ist ein Lernprozess, der sich nur durch häufiges Wiederholen im Gehirn manifestiert.

Nun verstehen wir auch, warum es so wichtig ist, seine bisherigen Angewohnheiten zu überprüfen und eine gewisse Zeit lang ganz bestimmte, neue Handlungen zu wiederholen.
Übung macht eben den Meister.

Affirmationen

❀ Ich kann jeden Tag mein Leben ändern.

❀ Ich entscheide mich, das Neue in mein Leben einzulassen und beständig darauf fokussiert zu bleiben.

Aufgabe

❀ Entscheide dich, neue Gewohnheiten in deinem Alltag zu etablieren. Welche könnten das sein? Suche dir heute eine aus.

2

Erst durch die Entscheidung bekommt unser Wunsch einen Willen

Warum ist der Wille so wesentlich? Der Wille hilft uns, Dinge in die Tat umzusetzen, und bringt unsere Ziele in den Bereich der Wirklichkeit. Wir alle kennen das Zitat: »Wo ein Wille ist, ist auch ein Weg.« Im Willen stecken Kraft und Energie. Vor allem aber auch etwas Zielgerichtetes. Durch diese Zielrichtung wird unser Bewusstsein auf bestimmte Aktivitäten gelenkt. Wir werden aktiv. Die Entscheidung wandelt somit unsere Wünsche in Ziele. Erst wenn wir uns entschieden haben, sind wir wirklich fokussiert. Solange wir uns nicht entschieden haben, bleibt unsere Energie diffus.

Wenn wir uns jedoch klare Ziele setzen, produziert das Gehirn Dopamin. Der Botenstoff Dopamin ist als Glückshormon bekannt und hat einen sehr starken Einfluss auf unsere Psyche, und zwar im Positiven wie im Negativen. Dopamin steigert unser Wohlbefinden. Es motiviert und belohnt uns mit Glücksgefühlen und steuert auf diese Weise unser Verlangen.

Ziele beschenken uns daher auch mit einer gehörigen Portion an Motivation. Wir stimmen uns bereits durch die Vorfreude positiv auf sie ein. Es entstehen Leidenschaft, Spaß und die Bereitschaft, sich für die selbst gesteckten Ziele einzusetzen. Mit klaren Zielen vor unseren Augen werden Hindernisse zu überwindbaren Hürden.

Bevor wir beginnen, gilt es demnach, eine Entscheidung zu treffen und klare Ziele zu setzen. Denn wenn wir ankommen wollen, benötigen wir Richtungspunkte. Ansonsten wollen wir nur weg und nicht so sein wie jetzt. Und weil wir einfach nur wegwollen, laufen wir los, ohne zu wissen wohin.

Wer sein Ziel nicht kennt,
kann auch nicht dort ankommen.

Wollen wir zum Beispiel abnehmen, darf unser Ziel nicht sein, weniger zu essen oder ein straffes Trainingsprogramm zu absolvieren, das wir mit Sicherheit nicht über einen längeren Zeitraum aufrechterhalten können. Um abzunehmen, gilt es, eine mentale Kraft und Stärke aufzubauen, die eine Langzeitwirkung hat.

Forschungen zum Leistungsverhalten von Athleten zeigen ziemlich deutlich, was den Unterschied zwischen leistungsschwachen und leistungsstarken Menschen ausmacht: klare, fokussierte Ziele.

Sicher hast du das Bild vor Augen: Die Spieler einer Sportmannschaft stehen im Kreis und motivieren sich gegenseitig. Sie schwören sich ein. »Das packen wir!«

Nichts anderes bewirkt deine Entscheidung. Sie lässt dich wissen: »Das packst du.« Aber jeder Athlet weiß, was er packen will. Und bevor er sein Ziel angeht, trifft er eine klare Entscheidung.

Affirmationen

❋ Mein Wille ist klar. Ich gehe dahin, wo sich die Türen für mich öffnen.

❋ Wo mein Wille ist, eröffnet sich auch ein Weg.

Aufgabe

❋ Schreibe in dein Buch eine Vereinbarung mit dir selbst hinein, z.B.: »Heute vereinbare ich mit mir selbst, dass …«

❋ Beschreibe deine Ziele so klar und genau wie möglich.

❋ Dieser Augenblick der Entscheidung ist ein Wendepunkt in deinem Leben. Vielleicht führst du ein kleines Ritual für dich durch.

3
Öffne dich für die vielfältigen Möglichkeiten der Schöpfung

»Ich glaube nur, was ich sehe.« Diese und ähnliche Sätze bekommen wir von den eingefleischten Realisten zu hören. Dabei könnte nichts weiter entfernt von der Wahrheit sein. Die Realität ist facettenreicher als unsere Wahrnehmung. Wissenschaftliche Tatsache ist, dass wir nur den kleinsten Teil des vorhandenen Lichtspektrums, nämlich 8 Prozent, mit unseren Sinnesorganen wahrnehmen können. Allein aus biologischer Sicht erkennen wir also die Wirklichkeit in ihrer vollen Gänze gar nicht. Obwohl wir wissen, dass sich 92 Prozent der Wirklichkeit unserer Wahrnehmung verschließen und es sie wohlweislich gibt, tun wir so, als wären sie nicht vorhanden. Aber es gibt sie.

Halten wir einmal fest: Unsere *Wahr*-nehmung ist gar nicht so wahr. Und: Wir vertrauen unserer persönlichen, limitierten Wahrnehmung mehr als der tatsächlichen Wirklichkeit. Was wir nicht wahrnehmen, existiert für uns nicht.

Wie verhält es sich mit den Dingen, die wir zumindest dank unserer Sinne erkennen könnten? Auch wenn es nur 8 Prozent der gesamten Wirklichkeit sind, so sind dies trotzdem noch Millionen von verschiedenen Einflüssen pro Tag, die auf uns einströmen. Aus diesem Grund kann der Verstand nicht alles bearbeiten, das würde schlicht seine Kapazität sprengen. Deswegen schaltet er bei vielem einfach ab, hauptsächlich bei bereits Bekanntem und Vertrautem. Warum sollte er bei jedem herannahenden Auto auf Alarm schalten? Das meiste, was wir kennen, wird also ganz selbstverständlich und unbewusst ausgeblendet, damit wir genügend Zeit für die Dinge finden, die uns wichtig sind. Was uns nicht wichtig ist,nehmen wir ebenfalls nicht wahr. Das bedeutet, unbewusst nehmen wir pro Sekunde ca. 11.000 Eindrücke auf und speichern sie in unserem Gehirn, ohne dass wir etwas davon wissen. Bewusst nehmen wir pro Sekunde nur 9 bis 10 Eindrücke wahr. Das bedeutet, dass wir von den verbleibenden 8 Prozent aller Dinge abermals nur ein Tausendstel bewusst wahrnehmen und dies für die allumfassende Wahrheit halten. Die Realität, die wir erleben, ist verschwindend klein im Vergleich zu der Realität, die uns insgesamt gibt.

Wir können die Welt nicht in ihrer ganzen Fülle wahrnehmen. Wir entscheiden uns jeden Tag tausendfach – bewusst, aber auch unbewusst –, worauf wir unsere Wahrnehmung lenken. Alles andere existiert für uns nicht. Haben wir gewisse Dinge lange genug aus unserem Leben ausgeblendet, glauben wir nicht einmal, dass sie für andere existieren können. Was aber tun, wenn wir eine andere, neue Realität in unser Leben einladen wollen?
Das Erste ist, sich bewusst zu machen, dass es tatsächlich mehr gibt, als wir bisher wahrgenommen haben.

Das Zweite ist, unsere Aufmerksamkeit auf die gewünschten Bereiche zu lenken. Worauf wir unseren Fokus legen, das kommt in den Bereich unserer Wahrnehmung.
Wenn wir unsere Aufmerksamkeit also auf neue, andere Dinge lenken, verändert sich bald auch unsere Wahrnehmung für diese neuen anderen Dinge. Sie werden dann zu unserer neuen Wahrheit.

Affirmationen

* Ich öffne mich für die Möglichkeit einer neuen Wirklichkeit.

* Ich vertraue darauf, dass es eine umfassendere Intelligenz gibt als die meine.

Aufgabe

* Hast du dir schon einmal überlegt, wie es wäre, wenn du deine Wahrnehmung erweitern würdest? Übe dich darin, über deinen Tellerrand zu gucken und andere Erfahrungen zu machen.

4

Fang einfach an – am besten mit kleinen Dingen

Wie kommt man am schnellsten zu den ersten Erfolgen? Mit kleinen Wünschen. Warum? Gehen denn die großen Wünsche nicht? Doch natürlich, aber bei den kleinen Wünschen kann man leichter spielerisch und unvoreingenommen an das zielorientierte Denken – in unserem Fall »*Erfolgreich wünschen*« genannt – herangehen. Dinge, die einem weniger bedeuten, sind weniger mit Angst und Zweifeln besetzt. Bei Unwichtigem vertraut man eher darauf, dass der Wunsch erfüllt wird. Vertrauen ist unverzichtbar, um erfolgreich zu wünschen.

Vertrauen schafft Glauben.

Beides zusammen – Vertrauen und Glauben – hilft uns, die richtige Überzeugung zu entwickeln. Erinnere dich: Unsere Überzeugungen erschaffen unsere Welt.

Das mit dem Vertrauen ist am Anfang nicht so leicht, denn es gibt eine innere Instanz, die unsere Pläne ständig boykottieren möchte: unser Verstand. Der Verstand kann nur auf seine bisherigen Erfahrungen bauen und wird uns deshalb zu überzeugen versuchen, dass dies alles nicht funktionieren kann. Er weiß es – noch – nicht besser. Aber jede neue positive Erfahrung und jedes Erfolgserlebnis werden dazu beitragen, ihn bald davon zu überzeugen, dass wir die Fähigkeit haben, unsere Vision zu verwirklichen. Schließlich ist er enorm lernfähig.

Nichts ist so erfolgreich wie der Erfolg selbst,
denn er zieht weiteren Erfolg nach sich.

Der Verstand kann jedoch nur das als *wahr* annehmen, was er *greifbar* erfahren hat und was er versteht. Deshalb ist er für Wunder nicht zuständig. Er versucht sogar regelrecht, alle möglichen Chancen, Zufälle und Veränderungen zu verhindern. Was nicht in sein Weltbild passt, darf nicht sein.

Es ist immer nur unsere Vorstellung, die etwas zulässt oder verhindert. Weil aber gerade unsere bisherige Vorstellung so gestrickt ist, dass wir nicht wirklich an die Erfüllung unserer Wünsche glauben, arbeiten wir unbewusst sehr stark gegen die Erfüllung von scheinbar *großen* Dingen.

Kleinere »Wunder« dagegen könnten unter *zufälligen* Umständen ja doch mal geschehen, ganz nach dem Motto: »Ein blindes Huhn findet auch mal ein Korn.« Das Wesentliche an diesen ersten kleinen erfolgreichen Wünschen ist, dass man den Mut für ein weiteres kleines Wunder findet. Unser Verstand begreift, dass es da anscheinend noch etwas gibt, was er nicht erklären kann. Er passt sich an und baut sich ein neues Konzept. Und plötzlich beginnt er, die neue Welt zu akzeptieren. »Wenn dies wahr ist«, sagt sich der Verstand, »dann könnte man sich doch auch an die größeren Wünsche wagen.«

*Durch erste kleine Erfolge können wir
den Verstand von der Möglichkeit
des zielorientierten Denkens überzeugen.*

Und genau dort wollen wir hin. Wir wollen, dass uns das Wünschen bei großen wie bei kleinen Dingen leicht von der Hand geht und wir das gewünschte Ergebnis erhalten. Deswegen trainieren wir erst einmal mit kleinen Wünschen unseren Verstand und sammeln hier unsere Erfahrungen.

Affirmationen

❋ Ich bin verbunden mit meinem Ziel, das ich spielerisch erreiche.

❋ Ich vertraue auf meine mentale Kraft.

Aufgabe

❋ Welche »kleinen« Dinge kannst du als spielerisches Ritual in deinen Wunsch-Alltag einbauen? Den »berühmten« Parkplatz-Wunsch? Oder den ersten Platz in der Warteschlange? Ein Tisch am Fenster deines Lieblingsrestaurants?

Mach es dir zur Gewohnheit, dir jeden Tag einen kleinen Wunsch zu erfüllen, und fange so an, zum Schöpfer deines eigenen Lebens zu werden.

5

Unmöglich ist nur das, was wir für unmöglich halten

Die moderne Hirnforschung bestätigt nun ebenfalls, dass wir mit unsrer Gedankenkraft, unseren Gefühlen und unseren Überzeugungen die Möglichkeit haben, alle Veränderungen in unserem Leben vorzunehmen, die wir uns so sehr wünschen. Durch unsere Gedanken haben wir Einfluss auf unseren Körper, ja sogar auf unsere DNA; wir können unsere Selbstheilungskräfte anregen oder einen schlanken, wundervollen Körper bekommen.

Durch die neuesten Forschungsergebnisse der modernen Hirnforschung wissen wir nun, dass es eine sehr intensive Wechselwirkung zwischen unseren Gedanken, unserem Gehirn und unserem Körper gibt und dass Gedanken unseren Körper verändern können.

Auf welche Weise die betreffenden biochemischen Prozesse ablaufen und sich letztendlich auf den Körper auswirken, können wir zum Beispiel an dem Zustand von Angst betrachten. Wenn man sich für längere Zeit in einem Angstzustand befindet, verändert sich die gesamte Physiologie. Es kann zu chronischen Erkrankungen, Verspannungen und vielen anderen körperlichen Symptomen kommen.

Die moderne Hirnforschung hat aber nun etwas wesentlich Tiefgreifenderes nachgewiesen: Bei länger anhaltenden Gefühlszuständen kommt es zu einer Neuordnung der dafür zuständigen Nervenzellenverbindungen im Gehirn. Das Gehirn baut sich um und sendet andere Hormone und Neurotransmitter aus, sogenannte Katecholamine; durch die permanente Ausschüttung von Katecholaminen werden die Strukturen und die Funktionen von Organen verändert. Das heißt, das Gehirn reagiert zum Beispiel auf unsere Sorgen und Ängste, auf Glücksgefühle und Euphorie – also auf alle unsere Gefühle und Überzeugungen – und bringt unseren Körper durch die Ausschüttung von anderen, neuen Katecholaminen dazu, sich zu verändern.

Inzwischen hat man erforscht, dass sich durch diese Signalstoffe sogar die Zellen verändern können. Im Fall von Angst und ständiger Sorge sind dafür der vom Gehirn ausgesandte Neurotransmitter Dopamin und das Stresshormon Kortisol verantwortlich.

Das Gehirn ist auf diese Weise sogar in der Lage, ganze DNA-Sequenzen stillzulegen oder neue Genverbindungen zu schaffen, indem es Teile von anderen DNA-Strängen kopiert. Unser Gehirn kann die Struktur und die Funktionen unserer Zellen verändern, und zwar ausgelöst durch unsere Gedanken, Gefühle und Überzeugungen. Sobald die Angstzustände nachlassen und wir vorrangig andere Gefühle entwickeln, baut unser Gehirn den Körper wieder um.

Wenn wir also anders denken, fühlen oder wahrnehmen und zu neuen Überzeugungen kommen, entstehen mit Hilfe unseres Gehirns eine andere, neue Wahrnehmung sowie ein anderer Bauplan in unserem Körper, der sich exakt nach unseren neuen Vorstellungen ausrichtet. Gleichzeitig ziehen wir neue andere Ereignisse in unser Leben.

Unser Leben kann sich vollständig ändern – wenn wir es wollen.

Affirmationen

❀ Ich bin offen für Veränderungen.

❀ Ich lade neue Gedanken und Gefühle in mein Leben ein.

Aufgabe

❀ Nimm dir diese Woche vor, etwas ganz anderes zu tun als gewöhnlich. Wenn du gewohnheitsmäßig reagieren würdest, halte inne und frage dich, wie du diesmal anders reagieren könntest.

6

Mach dir deine alten, negativen Glaubensmuster bewusst

Negative Überzeugungen über uns können uns nachhaltig in unserer Weiterentwicklung bremsen. Wollen wir jedoch erfolgreich voranschreiten, sollten wir diese alten – und teilweise ins Unterbewusstsein verdrängten – Glaubensmuster transformieren.

Dabei gehen wir in zwei Schritten vor. Zunächst werden wir sie uns bewusst machen. Denn oftmals haben wir keine Ahnung, dass wir solche sabotierenden Gedanken überhaupt hegen.

Um alte Überzeugungen bewusst zu machen, gibt es einen sehr einfachen Trick. Wir schreiben alles auf, was wir über uns denken: »Ich bin zu langsam, zu dumm, zu dick. Ich bin hässlich. Alle anderen sind besser, schneller, klüger ...«

Schreibe ebenso all die Sätze auf, die man dir als Kind immer wieder vorgeworfen hat – all die furchtbaren, demütigenden, verletzenden Sätze, die du hören musstest: »Das kannst du nicht! Dafür bist du zu blöd! Du taube Nuss!« Oder: »So wie du aussiehst, wirst du nie einen Mann finden.« Je ehrlicher du dabei bist, desto mehr wird an die Oberfläche kommen.

Es wird mit Sicherheit auch viel an Abwehr oder Trauer hochkommen. Das ist nur natürlich. Es ist nicht schön, so über sich zu denken. Es ist nicht schön, als Kind solche Abwertungen zu hören.

Das Aufschreiben dieser Sätze bringt oft Vergrabenes wieder zum Vorschein, von dem man geglaubt hatte, all das doch längst hinter sich zu haben. Aber bei genauerer Betrachtung wird man sehr oft erkennen, dass s genau diese Aussagen sind, die noch immer tief in uns wirken und die wir noch heute über uns glauben.

Und das ist das Fatale. Weil wir nach wie vor – manchmal völlig unbewusst – vom Wahrheitsgehalt der Meinungen unserer Bezugspersonen überzeugt sind, holen wir uns noch heute die Bestätigung unserer *vermeintlichen* Unzulänglichkeit in unser Leben.

Aber jetzt, wo wir uns ihrer bewusst werden, können wir diese Bewertungen beeinflussen. Sobald deine Liste richtig lang geworden ist, wollen wir Folgendes tun:

Nimm dir immer wieder eine dieser Meinungen und Überzeugungen über dich vor. Schließe deine Augen und stelle die Frage: »Wer sagt das?« Wenn du dich das eine Weile fragst, wirst du erstaunt sein, welche längst vergessenen Bilder hochkommen werden. Mit ziemlicher Sicherheit wirst du feststellen, dass viele deiner Überzeugungen gar nicht zu dir gehören, sondern vielleicht von deinem Vater oder deiner Mutter stammen.

Wenn wir nun erkennen, dass dies nur eine angenommene, fremde, vorgepredigte Überzeugung ist und nicht die allein gültige Wahrheit, wird sich unsere Einstellung zu uns selbst verändern. Wir werden uns mit anderen Augen betrachten. Wir werden uns unseres bisherigen Bildes von uns selbst nicht mehr so sicher sein. Und das ist gut so. Denn das nimmt den negativen Befehlssätzen die Kraft, und wir können anhand der nächsten Regel mit dem zweiten Schritt beginnen.

Affirmationen

* Ich lasse alle meine alten Glaubensmuster los.

* Ich reinige mich von alten, überholten Überzeugungen.

Aufgabe

* Mache die beschriebene Übung zweimal in der Woche – bis du das Gefühl hast, deinen seelischen Hausputz gründlich gemacht zu haben.

Ich reinige mich
von alten, überholten
Überzeugungen.

7

Transformiere deine alten, negativen Glaubensmuster

Seit unserer Kindheit tragen wir diese falschen Glaubensmuster mit uns herum. Jetzt, da sie uns bewusst sind, können wir aus diesem Kreislauf aussteigen. Wir haben nun die Chance, die alten, negativen Muster zu transformieren, sprich: sie loszulassen. Und das wollen wir im zweiten Schritt tun.

Sobald wir akzeptieren, dass wir damals, als man diese negativen Meinungen über uns gefällt hat, gar nicht gemeint waren und dass man uns in unserer kindlichen Kreativität, Neugier, Lebendigkeit und dem Potenzial, das wir in uns trugen, nicht erkannt hat, fällt es uns wesentlich leichter, uns von diesen Sätzen zu distanzieren.

Mach dir bewusst, dass die Personen, die uns diese Vorwürfe gemacht haben, vermutlich gar nicht uns persönlich gemeint haben, sondern selbst in verschiedenen Mustern gefangen waren oder nur sich selbst gesehen haben. Vielleicht war jemand, der uns so bewertet hat, in eigenen Problemen gefangen, war überarbeitet, ungeduldig, steckte in einer Krise mit dem Partner, in finanziellen Schwierigkeiten oder war vollkommen überfordert mit der Situation. Welche Gründe er auch immer gehabt haben mag: Sie haben meist wenig mit uns zu tun.

Sobald uns dafür die Augen aufgegangen sind, werden wir vielleicht eine tiefe Trauer in uns spüren. Sein Leben lang fremdbestimmt gewesen zu sein, ist kein Vergnügen. Aber wir können es jetzt ändern.

Nachdem du alle diese Sätze aufgeschrieben hast, die dein Leben bestimmt haben, beginnst du, sie ins Positive umzuformulieren.

Sätze wie: »Das kannst du nicht!«, könntest du zum Beispiel abändern in: »Ich kann alles, was ich möchte.« »Du findest nie einen Mann!« wird zu: »Ich bin ein Geschenk für jeden Mann!« »Du bist unmöglich!« wird zu: »Ich bin wundervoll!« »Du bist zu dick!« wird zu: »Ich liebe mich so, wie ich bin!«

Probiere ein bisschen an den Formulierungen herum. Die sicherste Art, deine Lieblingsformulierung zu finden, ist, dich selber zu fragen, was du am liebsten hören würdest. Dann zeigt dir dein Herz den Weg zu deiner neuen Überzeugung über dich.

Wandeln wir diese Sätze positiv um, geschieht etwas sehr Tiefgreifendes. Unser Verstand beginnt sich neu einzustellen. Wir lernen, dass es eine Alternative zu dem gibt, was wir bisher als »wahr« angenommen haben. Wenn wir unsere Meinung über uns ändern, verändern auch wir uns.

So einfach diese Übung klingen mag, so effektiv ist sie. Die Hirnforschung schlägt uns hier einen Mindestzeitraum von 21 Tagen vor. Innerhalb von 21 Tagen strukturiert sich unser Gehirn in diesem Bereich um und beginnt, automatische Gedankenketten in die neue Richtung zu bauen. Deshalb ist es das Beste, sich mindestens 3 Wochen lang auf die positiven Sätze zu konzentrieren und zu fokussieren.

Am wirkungsvollsten ist auch hier ein kleines Ritual: Vielleicht hast du Lust, deine alten negativen Mustersätze, die du aufgeschrieben hast, zu verbrennen. Während du dies tust, spüre tief in dir, wie du die alten, nicht mehr gültigen Muster loslässt. Lass alle Gefühle, die in diesem Zusammenhang in dir entstehen, aufsteigen und aus deinem Leben gehen.

Fülle die entstandene Leere mit deinen neuen positiven Affirmationen. Konzentriere dich darauf. Spüre die Kraft und die Freude, die von dieser positiven Entsprechung ausgeht. Identifiziere dich damit. Fühle, wie die Wirkung der negativen Mustersätze immer mehr nachlässt und wie sie sich allmählich aus deinem Leben verabschieden.

Sprich die neuen Mustersätze laut und deutlich aus. Lass sie zu deiner neuen Überzeugung werden. Je mehr du in ihre Kraft hineinspürst, desto schneller baut sich das erwünschte Resonanzfeld auf.

Affirmationen

❋ Ich bin in Ordnung so, wie ich wirklich bin.

❋ Ich lasse alles Vergangene los und lebe mein Potenzial.

Aufgabe

❋ Transformiere deine alten negativen Mustersätze. Beginne damit noch heute.

8

Streich die Wörter »nicht« und »kein« aus deiner Wunschformulierung

Dieser Punkt bildet eine überaus wichtige Grundregel beim Formulieren unserer Wünsche.

Wir wissen, wie entscheidend die Wahl unserer Worte ist. Worte, die wir denken oder aussprechen, werden in unserem Gehirn in Bilder übersetzt. Unser Gehirn denkt in Bildern. Auf Verneinungen reagiert es daher in einer eigenwillig anmutenden Weise.

Wie das funktioniert, kann ich dir an einem kleinen Beispiel erklären: Schließe kurz die Augen und denke *nicht* an Schokolade. Und? Was hast du gesehen? Klar! Schokolade. Sie lag gerade bildlich vor deinem geistigen Auge; womöglich läuft noch das Wasser in deinem Mund zusammen, falls du ein Schoko-Fan bist ... Deshalb funktioniert es auch nicht, etwas *vermeiden* zu wollen, also etwas *nicht* zu tun. Dann wollen wir nur von etwas »weg« und nicht »zu etwas hin«. Auf diese Weise haben wir kein Ziel, zu dem wir uns hinentwickeln wollen, sondern entwerfen ein intensives Bild von dem Zustand, den wir gerne vermeiden möchten.

Ein »Nicht«- und »Kein«-Wunsch wird fast immer vollkommen gegensätzlich zu unserem wirklichen Wunsch ausgeführt, weil er ein Bild entwirft, das wir gerne loswerden wollten.

Hinter dem Satz »Ich will nicht arm sein« steckt logischerweise die Angst vor der Armut: Die Bilder in unserem Kopf sowie unsere Gefühle kreisen um all das, was für uns Armut bedeutet – und diese Angst ist wesentlich intensiver und stärker als der Wunsch, wohlhabend zu sein.

»Ich will nicht arm sein« hat kein neues lohnenswertes Ziel, sondern nur starke emotionale Bilder eines negativen Zustandes.

Obwohl wir es nicht wollen, entsteht in unsren Gedanken und Gefühlen erst einmal das Bild von Armut. Wir können schließlich *nicht* etwas *nicht* entstehen lassen.

Wir können immer nur etwas erschaffen
und nicht etwas nicht erschaffen.
Allein der Gedanke an »nicht erschaffen«
erschafft das Unerwünschte.

Etwas vermeiden oder verneinen zu wollen, geht also nicht. Aber wir können das Gegenteil davon entstehen lassen. Wir sollten uns also mit der *positiven* Entsprechung beschäftigen.

Der Befehl »Ich bin reich« ist einfach und klar. Mit diesem Wunsch beschäftigen wir uns mit unserem Reichtumsbewusstsein und nicht mit dem Mangelbewusstsein.
Aus diesem Grund sollten wir auch das Wort »*ohne*« aus unserer Formulierung herauslassen. Auch Worte wie »*schuldenfrei*« oder »*sorgenlos*«, denn auch diese Worte beschreiben nur das, was du *nicht* willst, und haben kein neues klares Ziel.

Beobachte doch einmal, wie viele solcher Negativwünsche wir jeden Tag denken und aussprechen: »Ich will nicht arbeitslos werden. Ich will keinen Unfall haben. Ich will nicht verlassen werden. Ich will nicht krank sein. So etwas passiert mir nie wieder ...« etc.

Welche Grundhaltung überwiegt in deinen Wünschen? Ist es die positive oder aus Gewohnheit doch noch die negative, verneinende Wunschformulierung?

Vielleicht verstehst du jetzt auch, warum manche Wünsche vermeintlich »falsch geliefert« wurden. In Wahrheit wurden sie gar nicht falsch ausgeführt. Die Lieferung war sogar sehr prompt und exakt. Die Wunschformulierung hat nur eine andere Information durch die Gegend geschickt. Zwei kleine Wörter sollten wir also dringend vermeiden: »nicht« und »kein«.

Affirmationen

* Ich bejahe meine Wünsche und Ziele.

* Meine Gedanken, Taten und Worte sind zu jeder Zeit positiv.

Aufgabe

* Sieh dir deine Wunschformulierungen genauer an. Gibt es irgendwo eine versteckte Verneinung? Achte darauf, dass du alles positiv formulierst. Beschäftige dich ganz klar mit dem, was du tatsächlich wünschst. Was soll in deinem Leben stattfinden?

9
Formuliere deine Wünsche in der Gegenwartsform

Diese Regel ist wohl die schwerste für unseren Verstand. Wir sollen etwas behaupten, was – noch – nicht der Wirklichkeit entspricht. Natürlich rebelliert hier der Verstand. Und dennoch ist gerade dieser Punkt der wesentlichste von allen.

Jeder formulierte Wunsch baut Bilder und Überzeugungen in uns auf, nach denen sich unser Leben ausrichtet. Halten wir unsere Wünsche gedanklich in der Zukunft, bleiben sie auch in der Zukunft, da sich unser Unterbewusstsein darauf einstellt.

Der größte Fehler beim Formulieren von Wünschen ist, dass bereits durch die Wahl der Worte eine völlig andere Botschaft ausgesandt wird, als eigentlich beabsichtigt. Meist formuliert man seine Wünsche sogar so, dass man den misslichen Zustand, in dem man sich befindet, erst recht manifestiert.

Wünscht man sich zum Beispiel viel Geld, ist es völlig falsch, den Satz »Ich will reich sein« zu formulieren. Was man dann bekommt, ist der Zustand von »Ich *will* reich sein.« Diesen Zustand kennen wir bereits. Es ist der Zustand von »etwas wollen« und »nicht haben«. Auf diese Weise verstärken wir nur unseren Mangel.

Der Wunsch »Ich will reich sein« hat sich ja bereits erfüllt. Wir wollen reich sein. Stimmt. In diesem Zustand sind wir gerade. Morgen wollen wir immer noch reich sein. Und übermorgen auch. Auf diese Weise verbleiben wir ständig in diesem Zustand.

Erschaffe nicht den Zustand von »etwas wollen«, sondern von »*etwas sein*«. Die richtige Formulierung lautet: »Ich bin bereit für den Reichtum in meinem Leben.« Oder: »Ich *bin* reich und glücklich.« Unser Satz heißt also: »*Ich bin* reich.« Und nicht: »Ich will reich werden.« Natürlich trifft dies zum gegenwärtigem Zeitpunkt – noch – nicht zu, aber wir möchten ja in diesen Zustand kommen. Also werden der Verstand, dein Unterbewusstsein und dein Resonanzfeld schon nach kurzer Zeit versuchen, diese Diskrepanz zwischen deiner behaupteten Überzeugung und der bestehenden Realität auszugleichen.

Es gibt dafür eine hübsche »Eselsbrücke«: »*Das Universum sagt immer Ja.*« Senden wir den Gedanken des Wollens aus, erhalten wir den Zustand von Wollen. Senden wir aus, dass es bereits so ist, wird sich dieser Ist-Zustand in unserem Leben realisieren. Was wir denken und fühlen, baut ein Resonanzfeld auf und bringt Gleichschwingendes in unsere Wahrnehmung.

Wir formulieren unsere Ziele von jetzt an immer in der Gegenwartsform, nie in der Zukunftsform.
Auch wenn es anfangs ungewohnt ist, beachte unbedingt, welche Bilder und Überzeugungen du durch deine Formulierung in dir aufbaust.

Affirmationen

❋ Ich bin innerlich und äußerlich reich.

❋ Ich bin in einer harmonischen Partnerschaft.

Aufgabe

❋ Beginne heute damit, mehrere Wünsche in der »*Ich bin*«-Form zu nutzen. Gewöhne deinen Verstand an diese neue Form.

10

Lass dir Zeit und bleib dran

Jeder von uns hat eine sehr klare Meinung über sich. Meist fällt sie nicht sehr positiv aus. Unsere Meinung über uns selbst ist unsere Überzeugung. Wir sind überzeugt, dass wir zu faul, zu langsam oder nicht schön und clever genug sind. All diese Überzeugungen sind Befehlssätze für unser Gehirn.

Gegen unsere Überzeugungen können wir nicht ankämpfen. Sie werden sich auf Dauer immer durchsetzen. Die einzige Möglichkeit ist, unsere tief sitzenden und störenden Überzeugungen zu transformieren. Wenn sich unsere Überzeugungen verändern, wandelt sich unser ganzes Leben. Allerdings benötigt unser Gehirn etwas Zeit, um sich umzuwandeln. Es ist ein Lernprozess, der sich nur durch häufiges Wiederholen im Gehirn manifestiert. Deshalb ist es auch ratsam, die Regeln in diesem Buch zunächst beständig zu wiederholen. Nur durch die konsequente Beschäftigung mit den neuen, gewünschten Überzeugungen lassen sich die alten, unerwünschten Muster verdrängen.

Unser Gehirn kann alte Überzeugungen sogar regelrecht vergessen. Das haben Neurologen inzwischen nachgewiesen. Das heißt, wir haben die Fähigkeit, all die negativen Überzeugungen über uns, die wir seit so vielen Jahren mit uns herumschleppen, vollständig auszulöschen und durch neue zu ersetzen.

Wir sind in jeder Minute in der Lage, unser Lebenskonzept willentlich und bewusst zu verändern. Es braucht nur ein wenig Zeit, Geduld und konsequente Wiederholung der gewünschten Zielsetzung – dann baut unser Gehirn neue Verknüpfungen auf. Wir können unser Leben ändern. Gleichgültig, wie negativ du jetzt auch über dich denkst, es gibt einen Weg heraus. Wir sollten die neu definierten Überzeugungen so lange wiederholen, bis sie sich tief in unserem Bewusstsein verankern. Wir müssen diesen neuen Erfahrungen Zeit und Raum schenken – eine Voraussetzung dafür, dass Wunder in unserem Leben passieren können. Denn Wunder geschehen durch positive Überzeugungen.

Wir sollten unser Denken auf unser Ziel
ausrichten und uns damit identifizieren.

Natürlich sind Affirmationen ein sehr starkes Mittel, um unsere Gedanken in die gewünschte Richtung zu lenken, aber es gibt noch viele andere Möglichkeiten, die wir in diesem Buch abhandeln werden.
Wesentlich ist nur, dass wir uns immer mit dem gewünschten Ziel identifizieren und uns mit ihm beschäftigen, also unsere Gedanken möglichst oft danach ausrichten.
Je länger und intensiver wir uns mit unserem Wunsch beschäftigen, desto intensiver und nachhaltiger ist die Energie, die wir in unseren Körper und unser Unterbewusstsein senden.

Affirmationen

✳ Ich liebe es, meine Ziele spielerisch und leicht zu definieren.

✳ Ich entspanne mich und halte mein Ziel zu jeder Zeit klar im Visier.

Aufgabe

✳ Nimm dir ein bestimmtes Ziel vor und konzentriere dich nur darauf. Sei geduldig mit dir, beobachte deine Gedanken und sei aufmerksam für die Chancen, die sich dir bieten.

11

Wir haben die Fähigkeit, alte Überzeugungen zu transformieren

Die neuesten Erkenntnisse der Hirnforschung zeigen, dass unser Gehirn die Fähigkeit besitzt, seine Vernetzungen vollständig zu ändern und neue Verknüpfungen von Nervenzellen (Neuronen) auszubilden, wenn wir für eine gewisse Zeit Neues tun oder anderes denken. Unser Gehirn reagiert auf unsere Gedanken und bildet entsprechend seine Areale aus.

Dabei sollte man wissen, dass die Bereiche für positives oder negatives Denken in unserem Gehirn in verschiedenen Regionen untergebracht sind. Im rechten Frontallappen des Gehirns – er befindet sich etwas oberhalb der Schläfe – finden wir das Areal für alle negativen Gedanken, Gefühle und Überzeugungen. Im linken Frontallappen des Gehirns – also genau gegenüber – befindet sich das Zentrum für unsere positiven Gedanken.

Diese beiden Zentren sind verschieden groß entwickelt, und zwar je nachdem, wie wir gewohnt sind, über uns zu denken. Denken wir oft negativ über uns, wird der rechte Frontallappen sehr ausgeprägt sein. Sind wir eher optimistisch und denken gerne positiv über uns und die Welt, ist das Areal auf der linken Seite größer und stärker entwickelt.

Unser Gehirn passt sich immer dem an, was wir vorrangig tun und denken – die *Plastizität* des Gehirns. Es vergrößert die dafür benötigten Areale.

Das Gehirn wächst also anatomisch nachweisbar, je nachdem welchen Bereich wir oft benutzen. Die Medizin kann durch eine sogenannte Magnetresonanztomografie sehr genau messen, welches Gehirnareal bei uns mehr entwickelt ist. Richtiger müsste es heißen: in der Vergangenheit von uns entwickelt wurde.

Wenn wir nörgeln, schimpfen, streiten, uns selbst beschimpfen oder fertigmachen, vergrößert sich der rechte Bereich des Gehirns und wird uns sehr rasch selbstständig mit weiteren negativen Gedanken bombardieren und automatische Gedankenketten in dieser Richtung fördern. Das linke Areal für positive Gedanken wird währenddessen kleiner und immer mehr verkümmern. Wir werden also nur noch selten positive Gedanken über uns und andere haben.

Denken wir dagegen vorrangig positiv, loben wir uns, sind wir stolz auf uns, sagen wir Schönes über uns und andere, so wird sich der linke Bereich vergrößern und unser gesamtes Denken darauf ausrichten. Wir werden uns immer positiver wahrnehmen, und unser Leben wird sich danach ausrichten. Es liegt immer in unserer Hand, welchen Bereich des Gehirns wir nutzen und vergrößern wollen.

Das Faszinierende daran ist für uns, dass wir jederzeit eine neue Wirklichkeit für unser Leben erschaffen können. Wenn wir für eine gewisse Zeit durch neue Denkweisen unsere bisher brachliegenden Abschnitte des Gehirns trainieren, können unsere Erfahrungen in Zukunft völlig anders verlaufen. Wir löschen regelrecht alte Programme im Gehirn und erschaffen neue.

Affirmationen

❋ Ich entscheide mich jetzt, vor allem positive Gedanken zu denken.

❋ Ich bin überzeugt, dass ich zu jeder Zeit mein Leben neu beginnen kann.

Aufgabe

❋ Beobachte, wie sich dein Leben und deine Wahrnehmung verändern, wenn du bewusst den positiven Gedanken Kraft schenkst.

Ich vertraue auf meine innere Weisheit.

12

Nutze die Kraft der Affirmationen

Da Affirmationen so viel bewirken, befassen wir uns in den nächsten drei Regeln mit ihnen.

Auf den ersten Blick sind Affirmationen »nur« positive Glaubenssätze. Also Bejahungen, die unsere Lebensziele verstärken. Doch in Wirklichkeit können sie wesentlich mehr bewirken.

Mit Affirmationen können wir am schnellsten unser Gehirn gezielt umprogrammieren – vor allem, da sie sich überall und zu jeder Zeit ein-setzen lassen. Jeder Affirmationssatz ist wie ein ausgesandter Befehl an das Unterbewusstsein. Dadurch wandeln Affirmationssätze deine alten Überzeugungen um. Und das ist wesentlich, denn da alles nach unseren Überzeugungen geschieht, kann sich dadurch auch unser Leben umwandeln.

Darüber hinaus kommunizieren wir mit allen anderen auf dieser Welt durch unsere Überzeugungen. Und da nach dem Gesetz der Resonanz alles, was zu deiner neuen Überzeugung passt, in dein Leben gezogen wird, können Affirmationen uns helfen, unser Leben zu verändern.

Affirmationen sind positiv formulierte Sätze,
die man beständig wiederholt – wie ein Mantra.

Affirmationen, die immer und immer wieder gedacht oder gesprochen werden, können tief in unser Unterbewusstsein wandern und so unsere gesamte Grundeinstellung transformieren.

Da sich immer das realisiert, was wir glauben, helfen uns Affirmationen am schnellsten, unsere bisherige Haltung zu transformieren und damit – durch die stete Wiederholung – unsere Ziele in unser Leben zu ziehen. Mit Hilfe von Affirmationen konzentrieren wir unsere Energie auf unsere

Visionen. Sie sind also der eigentliche Schlüssel, mit dem wir unser Leben verändern können. Das ist der tiefere Sinn von Affirmationen. Der Verstand beginnt, alte Programme aufzulösen und neue Überzeugungen zu integrieren.

Wunschsätze oder Affirmationen helfen uns nicht nur, unser Bewusstsein auf ein Ziel zu fokussieren, sondern sie wirken auch auf unser ganzes Wesen ein. Wir verändern unseren Glauben in Richtung unseres Wunsches und senden diesen als gebündelte Energie in die Welt hinaus. Der alte Satz »Der Glaube versetzt Berge« bekommt auf diese Weise eine ganz neue Dimension.

Unverzichtbar ist dabei, dass wir unseren Affirmationen absoluten Glauben schenken: Wir müssen sie mit Haut und Haaren *fühlen*. Denn wir ziehen das in unser Leben, was wir auch wirklich *fühlen und glauben*.

Welche Affirmationen sind nun die besten? Das kann man nicht so generell beantworten. Für jeden ist ein anderer Wunschsatz kraftvoller, da jeder von uns andere Wünsche, Sehnsüchte und Ziele hat – und natürlich auch andere Blockaden.

Suche dir einfach diejenigen Affirmationen heraus, die sich für dich am besten anfühlen und bei denen du am wenigsten Widerstand spürst. Jede Affirmation sollte dir ein warmes, angenehmes und sicheres Gefühl schenken. Wenn du merkst, dass Ängste hochkommen oder du dir selbst nicht glaubst, ändere deinen Wunschsatz so lange ab, bis du ihn widerstandslos denken und sagen kannst.

Affirmationen

✳ Ich bin verbunden mit meiner neuen Wahrheit.

✳ Ich weiß, dass ich durch meine Überzeugungskraft mein Leben verändern kann.

Aufgabe

✳ Suche dir eine Affirmation heraus, die sich für dich kraftvoll anfühlt, und sage sie dir immer wieder in Gedanken. Beobachte, wie diese Affirmation dein Denken und deine Gefühle verändert.

✳ Was verändert sich noch bei dir?

13

So werden Affirmationen benutzt

Sprich deine Affirmation stillschweigend in deinen Gedanken oder laut rezitierend aus und spüre in jedem Moment die Zuversicht, die dadurch in dir entsteht. Affirmationen werden durch das ständige Wiederholen sehr kraftvoll und stark.

Schenke deinem Wunsch immer wieder Aufmerksamkeit. Schließe in der U-Bahn oder im Bus kurz die Augen und denke dich in die Affirmation hinein. Oder in der Mittagspause.

Schlafe mit deinem Wunsch und der passenden Affirmation abends ein. Während dein Tagesbewusstsein schläft, kann sich die Wunschenergie ungehindert die ganze Nacht über ausbreiten.

Gönne dir und deinem Wunsch morgens zwei Minuten. Setze dich entspannt hin und wiederhole deine Affirmationen.

Diese Sätze sind deine neue Wahrheit. Sie haben mehr Kraft als alles andere. Wiederhole sie vor allem, wenn Zweifel hochkommen, wenn du dich müde und abgeschlagen fühlst oder wenn du spürst, dass du mutlos wirst oder Gefahr läufst, wieder in altes Fahrwasser zu geraten.

Je bildhafter deine Vorstellung ist, je freudiger deine Erwartung ausfällt, desto stärker wird dein Glaube und damit die Kraft deiner Überzeugung. Du solltest voll von deinen Gedanken überzeugt sein. Ebenso unerlässlich ist es, dass du die Kraft der Affirmation fühlst. Und ganz wichtig: Jede Affirmation sollte bejahend und in der Gegenwartsform formuliert sein.

Setz keinen Druck, sondern Freude hinter die Affirmationen. Druck erzeugt nur Gegendruck. Das lässt uns nicht entspannt und leicht sein. Wollen wir mit aller Gewalt etwas erzwingen, ist dies meist nur ein Hinweis darauf, dass wir unserer eigenen Kraft nicht vertrauen. Erzeugen wir

Druck, wollen wir meist etwas anderem entkommen, zum Beispiel dem Mangel, und geben unserem Wunsch vor allem diese Energie mit. Man spürt in unserem Wunsch den energetischen Angstschweiß.

Fühle einfach die Kraft und Energie der Verwirklichung. Auf diese Weise änderst du das ganze Gefüge in deinem Denken und schwingst immer besser mit deinem Wunsch in Resonanz. Du wächst regelrecht in dein Ziel hinein. Du *wirst* immer mehr zu deinem Ziel.

Wenn du merkst, dass Ängste hochkommen oder du dir selbst nicht glaubst, ändere deinen Wunschsatz so lange ab, bis du ihn widerstandslos denken und sagen kannst. Suche dir einfach diejenigen Affirmationen heraus, die sich für dich am besten anfühlen und bei denen du am wenigsten Widerstand spürst. Jede Affirmation sollte dich mit Freude erfüllen.

Am besten ist es, wenn man sich am Ende jeder Affirmation seinen ganz persönlichen Wunsch bildlich vorstellt. Was immer es ist, lass ihn wie einen kleinen Film vor deinem geistigen Auge ablaufen und bleibe in dieser von dir geschaffenen Energie, solange es geht.

Affirmationen

- ❀ Ich vertraue auf meine innere Weisheit.
- ❀ Ich bin im Zustand heiterer Gelassenheit und Freude.

Aufgabe

- ❀ Sprich jede Affirmation mit einem Lächeln aus – sogleich wird sich bei dir das Gefühl der Freude und des Glücks verbreiten.

14

Nutze Affirmationen, um automatische Gedanken zu verhindern

Wir alle kennen das: Völlig ungefragt schießt uns ein negativer Gedanke in den Kopf. Aber anstatt ihn links liegen zu lassen, verfolgen wir ihn sogar weiter und bauen ihn regelrecht aus.

Für mich könnte zum Beispiel eine solche Gedankenkette zutreffen: »Wenn ich mich jetzt nicht hinsetze und das Buch schreibe, werde ich den Abgabetermin nicht einhalten können. Eigentlich bin ich jetzt schon zu spät dran. Ich werde wahrscheinlich die Nächte durcharbeiten müssen. Aber unter Druck fällt mir nichts ein. Es wird also sehr schlecht werden. Der Verlag wird sehr unzufrieden sein, und das Buch wird sich nicht gut verkaufen. Ich werde schlechte Kritiken bekommen, und kein Verlag wird mehr Bücher von mir veröffentlichen. Ich werde ohne Arbeit sein. Ich werde meine Rechnungen nicht mehr bezahlen können. Ich werde aus dem Haus ausziehen müssen, die Schule für meine Tochter nicht mehr bezahlen können und alles wird im Chaos enden.«
Diese Gedanken könnte ich endlos weiterspinnen, bis ich überzeugt davon bin, dass die Lage aussichtslos ist, ich nichts tauge und ich alles verlieren werde. Eine derartige Abfolge von negativen Annahmen nennt man *automatische Gedanken*.

Da aber Gedanken stets nach Verwirklichung streben, sollten wir diesen automatischen Fluss lieber gleich zu Beginn stoppen. Denn solch ein anfänglicher Gedanke entwickelt sich schnell zu einer festen Annahme und wird schließlich zu einer unüberwindlichen Überzeugung. Darüber hinaus sind diese negativen Gedanken meist emotional sehr geladen und gerade deshalb sehr kraftvoll. So ein automatischer Gedanke kann sich auch hinter einem einzigen Wort verstecken. »Oje« ist oft bereits eine Kurzformel dafür.

Sicherlich nützen uns diese negativen Gedankenketten nicht bei der Verwirklichung unserer Wünsche. Daher sollten wir ihnen keine weitere Energie zuführen. Dies können wir am besten, indem wir uns den positiven Affirmationen zuwenden und sie stetig wiederholen, bis wir eine völlig neue, positive und kraftvolle Energie in uns spüren. Diese Energie wird uns dorthin tragen, wo die Erfüllung unseres Wunsches auf uns wartet.

Wir können uns die Funktionsweise der automatischen Gedanken auch zunutze machen, indem wir immer wieder unser Denken in die positive Richtung lenken. Dann werden irgendwann einmal vollkommen automatisch *positive Assoziationsketten* entstehen.
Du kannst diese Wunschsätze entweder wie ein Mantra benutzen oder auch nur einmal anwenden, wenn du das Gefühl hast, dass du deinem Wunsch bereits genügend Kraft verliehen hast. Sobald du jedoch bemerkst, dass wieder einmal die Zweifel deine Gedanken beherrschen, wende dich deiner persönlichen Wunschformulierung zu und wiederhole sie so lange, bis du die Kraft und den Frieden spürst, die von ihr ausgehen. So bringst du dich in Resonanz mit dem eigentlichen Wunsch und gibst den Zweifeln keinen Raum mehr.

Je klarer die formulierte Affirmation ist, desto wirkungsvoller ist sie. Je besser dein Wunschsatz auf dich zutrifft und du dich mit ihm identifizieren kannst, desto intensiver und kraftvoller ist seine Wirkung.

Affirmationen

❋ Ich beschäftige mich in Gedanken, Taten und Worten nur mit der positiven Kraft.

❋ Ich konzentriere mich nur noch auf das Wesentliche.

Aufgabe

❋ Sooft du bemerkst, dass du gerade einem negativen Gedanken nachhängst oder dich gar darin verstrickst, setzt du ganz bewusst eine positive kraftvolle Affirmation ein. Beobachte, wie es dir dabei geht. Was verändert sich?

15

Tue so, »als ob« der Wunsch bereits eingetroffen wäre

Bei der gezielten Ausrichtung unserer mentalen Kraft müssen wir uns absolut sicher sein, dass die Erfüllung unseres Wunsches bereits jetzt geschieht. Es geschieht nicht morgen oder übermorgen oder vielleicht erst ab nächster Woche.

Die Hirnforschung sagt: Unser Gehirn unterscheidet nicht zwischen Realität und Fantasie. Lassen wir zum Beispiel auf der Leinwand unserer inneren Bilder schöne Visionen entstehen, dann glaubt unser Verstand an den Wahrheitsgehalt dieser Bilder und schüttet Glückshormone aus. Für das Gehirn ist dies also bereits Realität. Dies ist zum Beispiel bei der Vorfreude so. Noch intensiver ist es, wenn wir den Trick des »So-tun-als-ob« anwenden.

Das »So-tun-als-ob« ist eine effektive Methode, sich ziemlich rasch in die eigene Überzeugung zu katapultieren und emotionalen Kontakt mit seinen Wünschen zu machen.

Stell dir einfach vor, dass du das, was du dir wünschst, bereits hast.

Wenn du zum Beispiel eine wundervolle Partnerschaft wünschst, *tu so,* als wäre dein Traumpartner bereits unterwegs. Freue dich, strahle dieses Glücksgefühl nach außen. Lebe bereits jetzt so, wie du es dir erhoffst, dass es sein wird. Fühle dich schon ein. Räume deine Wohnung auf, überlege, was du dem künftigen Partner in der Wohnung zeigen möchtest und was nicht in ein gemeinsames Leben gehört. Du wirst entdecken, wie viel in deiner Wohnung auf dich alleine ausgerichtet ist. All diese Dinge bestärken dich jeden Tag, ja jede Sekunde in dem Gefühl, Single zu sein. Gib deswegen alles her, was dich an diesem Gedanken festhalten lässt. Schaffe dir lieber Umstände, die dich daran erinnern, dass dein Partner bereits unterwegs zu dir ist.

Willst du eine neue Wohnung haben, stell dir vor, wie schön du sie bereits eingerichtet hast, wie nett die Nachbarn sind, wie glücklich du dich in dieser Umgebung fühlst, wie außergewöhnlich die Aussicht ist, die du auf deinem Balkon genießt etc. Lache, freue dich, zeige dein ganzes Glück. Je öfter und intensiver du dies tust, desto größer und kraftvoller wird das Resonanzfeld sein, das du erzeugst, und desto schneller wird das gewünschte Ereignis eintreffen.

Durch das »So-tun-als-ob« stärken wir unser Vertrauen. Wir spüren rein emotional, wie schön der kommende Zustand für uns sein wird. Wir machen also emotionalen Kontakt mit unseren Wünschen.
Gleichzeitig lassen unsere Zweifel nach, denn wir besitzen bereits als Gegengewicht für den zweifelnden Verstand die Erfahrung der Freude und der Lebenskraft, die wir durch das Kommende erhalten werden. »So fühlt es sich an, wenn es da ist.« Emotionen sind immer stärker und intensiver als die Argumente des Verstandes.
Vor allem aber verwandeln wir unser Mangelbewusstsein in ein Wohlstandsbewusstsein. Und: »So-tun-als-ob« macht richtig Spaß!

Affirmationen

🌸 Alles Gewünschte ist bereits auf dem Weg zu mir.

🌸 Ich bin voller Freude und Dankbarkeit für die Fülle in meinem Leben.

Aufgabe

🌸 Tu so, als ob ein Herzenswunsch von dir bereits in Erfüllung gegangen wäre. Was verändert sich dadurch für dich?

16
Gehe in die Vorfreude

Mit der kraftvollen Möglichkeit der Vorfreude können wir unser ganzes emotionales Gefüge auf das gewünschte Ziel einstimmen.

Das Gehirn empfindet bereits eine bloße Vorstellung als genauso tief und intensiv, als würden wir sie gerade real erleben. Am intensivsten fällt die Reaktion des Gehirns aus, wenn wir in die Vorfreude gehen. Denn allein durch die bloße Vorstellungskraft werden Synapsen in unserem Gehirn aktiviert und Glückshormone, sogenannte *Endorphine,* ausgeschüttet.

Wenn wir Vorfreude empfinden,
überschüttet uns das Gehirn regelrecht
mit glücksbringenden Hormonen.

Erstens: Wenn wir glücklich sind – gleichgültig, ob dies durch gegenwärtiges reales Erleben oder durch die Vorstellungskraft hervorgerufen wird –, begeben wir uns in das Resonanzfeld von Glück. Nach dem Gesetz der Resonanz wird alles, was mit diesem Glücksgefühl resoniert, was also gleichschwingt, unweigerlich in unser Leben gezogen.

Zweitens: Unser Körper macht eine sehr interessante Erfahrung. Wie beim So-tun-als-ob fühlt er vor. Er fühlt bereits jetzt, wie glücklich er sein wird, wenn das erstrebte Ziel erreicht ist.

Da die Vorfreude ein so intensives Mittel ist, um zu neuen Überzeugungen zu kommen, solltest du dich, sooft es geht, in diesen gedanklichen Zustand begeben. Du kennst doch sicher den Spruch: »Vorfreude ist die schönste Freude.« Das ist so, weil die Vorfreude nicht nur unsere mentale Vorstellungskraft anspricht, sondern uns gleichzeitig mit glücksbringenden starken Emotionen beschenkt und uns auf diese Weise auf unser Ziel einstimmt.

Gedankenkraft, gepaart mit Emotionen,
ist die stärkste Energie
für unser gesamtes System.

Was immer dir an Bildern einfällt und welche Vorstellung auch immer dir Freude bereitet, gehe in die Vorfreude und lass diese Freude für dein Gehirn zur Realität werden. Dann wird sich alles dieser neuen Realität anpassen und schleunigst nachziehen. So unglaublich einfach es klingen mag, so erstaunlich wirkungsvoll ist es.

Falls dir keine Bilder dazu einfallen, brauchst du nur der Frage »Was würdest du tun, wenn sich dein Wunsch bereits erfüllt hätte?« nach-zu-gehen und dir die Antworten so bildlich wie nur möglich auszumalen. »Was würdest du tun? Was wäre dann alles für dich möglich?«

Affirmationen

* ❋ Ich bin voller Freude auf mein Ziel eingestimmt.

* ❋ Ich freue mich auf mein neues Leben und gehe die Schritte voller Leichtigkeit.

Aufgabe

* ❋ Lass die schönsten und emotionalsten Bilder vor deinem geistigen Auge entstehen. Schlafe mit diesen Bildern ein und wache damit auf. Hole dir diese Bilder auch im Alltag für kurze Momente in Erinnerung – in der Mittagspause, in der U-Bahn, beim Spazieren-gehen. Spüre, wie schön es sein wird. Das gilt es zu erreichen: unbegrenzte Lebensfreude! Habe dabei stets ein leichtes Lächeln auf deinem Gesicht.

Ich gehe meinen

eigenen Weg

voller Zuversicht

17

Umgib dich mit Menschen, die dich motivieren

Es liegt immer an uns selbst, welches innere Schwingungspotenzial wir aktivieren wollen. Wir haben es selbst in der Hand.

Jeder von uns kennt genügend wundervolle Möglichkeiten, wie man sich von fremden Schwingungsenergien anstecken lässt. Beim Betreten einer Kirche zum Beispiel verhalten wir uns schlagartig anders – nicht nur weil es von uns erwartet wird, sondern weil wir uns sofort auf die friedvolle Schwingung des Raumes einlassen. Wir fangen sie auf und werden selber ruhiger und friedlicher. Manchmal hält die innere Stille sogar noch an, wenn wir wieder draußen auf der Straße sind und uns dem alltäglichen Leben zuwenden.

Ganz ähnlich geht es uns, wenn wir ein motivierendes oder erhebendes Buch lesen oder aufbauende Musik hören. Sofort fangen wir die Resonanzen anderer Menschen oder Töne auf und gleichen uns ihnen an. Die einzige Arbeit, die wir hier geleistet haben, besteht darin, dass wir uns dorthin begeben haben. Wir machen uns bestehende Resonanzfelder zunutze, indem wir uns der gewünschten Energie nähern.

Für deine Entwicklung ist es förderlich, dich mit Menschen zu umgeben, die an dich glauben, die von deiner Kraft überzeugt sind, die das wundervolle Talent in dir sehen, die das Potenzial in dir erkennen, die sich mit deinen Visionen verbinden und diese Visionen unterstützen.

Oft aber umgeben wir uns mit Menschen, die uns in unserer Entwicklung hemmen, weil uns dies bereits aus unserer Vergangenheit – vielleicht noch von unserer Kindheit – vertraut ist. In so einer Energie – obwohl sie sich sehr negativ auf uns auswirkt! – fühlen wir uns manchmal sogar regelrecht »zu Hause«. Nicht immer erkennen wir negative, bremsende Resonanzfelder sofort, sondern erst wenn wir sie bewusst prüfen und betrachten. Und das wollen wir jetzt machen:

Schreib die Namen all deiner Freunde, Bekannten und Verwandten, mit denen du dich (fast) jeden Tag umgibst, auf ein Blatt Papier. Und dann notiere rechts neben dem jeweiligen Namen die Eigenschaft, die du durch diesen Menschen bekommst. Dort könnte jetzt stehen: »Aufbauend, lustig, heiter, unterstützend«, oder aber: »Ständig kritisierend, neidisch, eifersüchtig« etc.

So kannst du sehr rasch feststellen, ob dir die Menschen um dich herum tatsächlich ein Gefühl der Kraft geben oder ob sie dich eher eingrenzen und dir das Gefühl von Minderwertigkeit vermitteln.

Sei dir dessen bewusst: *Du* bist es, der ihnen die Erlaubnis dazu erteilt! Nur du lädst andere Menschen ein, nach Belieben in deinem Leben herumzufuhrwerken. So ist es auch deine Entscheidung, wie du künftig damit umgehst.

Vielleicht entscheidest du dich, jenen Menschen mehr Priorität und Zeit zu widmen, die für dich förderlich sind und die dich stetig in deinem Leben voranbringen. Und jenen, die dich bremsen, ein klein wenig deiner Zeit zu entziehen.

Affirmationen

❁ Ich bin sicher, dass ich Menschen treffe, die mein wahres Potenzial erkennen.

❁ Ich umgebe mich nur noch mit Menschen, die mich motivieren und unterstützen.

Aufgabe

❁ Beginne noch heute mit deiner Liste.

18
Werde zu deinem eigenen Fürsprecher

Es gibt noch eine sehr einfache und effektive Möglichkeit, unser Resonanzfeld zu erhöhen. Je höher unser Resonanzfeld schwingt, desto klarer und positiver ist unsere ausgesandte Energie. Je höher wir schwingen, desto weniger haben Zweifel, Traurigkeit oder Hoffnungslosigkeit eine Chance, sich durchzusetzen. Die schnellste Art, sein Resonanzfeld zu erhöhen, ist: Lobe dich selbst!

Das ist nicht immer so leicht, wie es auf den ersten Blick erscheint. Viele von uns bekamen von Kindesbeinen an Sprichworte vorgehalten wie: »Man soll den Tag nicht vor dem Abend loben«, »Wenn es der Maus zu gut geht, holt sie am Abend die Katze«, »Eigenlob stinkt«, oder: »Übermut tut selten gut.« Diese und noch viele andere »Ratschläge« waren die Grundpfeiler unserer Erziehung. Wir alle kennen sicherlich unzählige solcher Sätze, die uns in unserer Freude eingeschränkt haben und dazu dienten, uns unter Kontrolle zu halten.

Irgendwann haben wir angefangen, diese Regeln als unsere eigene Wahrheit zu übernehmen und uns selbst zu begrenzen. Dieses Verhalten wurde für uns so normal, dass wir die Maßstäbe inzwischen auch auf andere übertragen. Zeigt sich jemand unglaublich stolz auf seine Leistung oder bringt er seine Freude darüber uneingeschränkt zum Ausdruck, benutzen wir nicht selten die gleichen Sätze, die wir früher selber zu hören bekamen. Kein Wunder, wir wurden schließlich stets dazu angehalten, selbstkritisch zu sein. Waren wir stolz auf unsere Leistung, bekamen wir oft genug zu hören, wir sollten nicht so angeben, nicht so arrogant sein oder gar überheblich werden.

Wir sind es nicht gewohnt, uns selbst zu loben. Wir haben den selbstkritischen Blick inzwischen so perfektioniert, dass wir nicht einmal mehr anderen glauben, wenn sie *uns* loben. Wir schaffen es nicht mehr, auf uns selbst stolz zu sein, und wehren darüber hinaus jegliche Anerkennung von anderen ab.

Was meinst du wohl, welches Resonanzfeld so eine Denk- und Handlungsweise aufbaut? Glaubst du, dass man auf diese Weise etwas in sein Leben zieht, worauf man stolz sein könnte? Wohl eher nicht. Deswegen wird es Zeit, dieses selbstverneinende Verhalten aufzugeben – zumindest wenn wir künftig Achtung und Anerkennung in unserem Leben begrüßen möchten.

Schreib doch mal für einige Zeit in deinem Wunsch-Tagebuch all das auf, worauf du stolz bist. Du wirst erstaunt sein, wie viel dir in deinem Leben bisher gelungen ist!

Affirmationen

* Ich bin wundervoll.

* Ich bin stolz und glücklich über meine Fähigkeiten.

Aufgabe

* Schreib in deinem Wunsch-Tagebuch all das auf, worauf du insgeheim stolz bist. Streiche alle deine Vorzüge hervor. Spüre die Kraft, die in dir steckt. Spüre, wie viel Spaß es macht, stolz auf sich zu sein. Es ist wunderbar, so viel geleistet zu haben.

19

Setze dir kleine Ziele, die du Schritt für Schritt erweitern kannst

Natürlich können wir mehr erreichen, als wir ahnen, und Ziele realisieren, die wir jetzt sogar noch für unmöglich halten; aber nicht immer ist das ersehnte Ziel auch glückbringend für uns. Manchmal können wir mit dem gewünschten Ziel gar nicht mithalten. Dann kann sich ein Gefühl von Minderwertigkeit einstellen. Oder wir werden dem eigenen Anspruch nicht gerecht. Oder das Gefühl, nicht geliebt zu werden, verhindert das eigentliche Glück.

Gehen wir dagegen Schritt für Schritt vor, wachsen wir mit unseren Aufgaben. Wir entwickeln uns mit unseren in die Wege geleiteten Veränderungen selber weiter und erreichen oftmals schneller, als geahnt, die Ergebnisse, die wir bisher für unmöglich hielten. Vor allem sind wir glücklich. Wir sind auf dem Weg dorthin glücklich, und wir sind auch am Ziel glücklich.

Das Ziel ist nie unser Endpunkt. Wir finden dort neue Vorhaben, weil wir uns weiterentwickelt haben und wir für unseren kommenden Weg neue, spannende und größere Visionen entdecken.

Wir überfordern uns aber auf dem Weg dorthin nicht. Wer glaubt, sofort alles auf einmal ändern zu müssen, dem kann es passieren, dass er sich überfordert, weil er mit seinen Wünschen noch gar nicht mitgewachsen ist und die neuen Ziele nicht bewusst aufrechterhalten kann. Ist das Ziel zu illusorisch oder zu weit gesteckt, können wir schnell auf halbem Weg schlappmachen. Lieber immer wieder kleinere Etappen anpeilen, die uns zeigen, dass wir tatsächlich alles erreichen können.

Beginne vor allem mit den Vorhaben, die dir leichtfallen, denn dadurch gewinnst du Mut für die größeren Pläne. Verliere deine Ziele nie aus den Augen, aber fühle dich auch nicht verpflichtet, sie sofort auf der Stelle anzugehen. Wenn du deine künftigen Vorhaben ständig in deinen Gedanken lebendig hältst, musst du nichts erzwingen, sondern es werden sich auf spielerische Weise neue Möglichkeiten ergeben, Türen öffnen oder Menschen an deine Seite treten, die dir bei deinem Vorhaben behilflich sind.

Wir sind ständig in Bewegung und werden es immer sein. Das einzig Sichere in unserem Leben ist die Veränderung. Aber wir können diese Veränderungen beeinflussen und lenken. Das ist wie beim Autofahren: Letztendlich bereitet das Fahren Freude, nicht nur das Erreichen eines Zieles. Ansonsten würden wir während der ganzen Fahrt leiden.
Haben wir aber bereits Freude, wenn wir unterwegs sind, und fühlen wir uns sicher am Steuer unseres Lebens, können wir unser Leben bewusst in jede Richtung lenken, die wir uns wünschen
Setze dir Etappenziele. Viele kleine Erfolge sind ein gewaltiger Motivationsschub. Und aus vielen kleinen Etappen wird schon bald ein großer Marathon.

Affirmationen

❋ Ich bin entschlossen, mein Ziel in meiner Geschwindigkeit zu erreichen.

❋ Ich bewege mich entspannt und voller Vertrauen auf mein Ziel zu.

Aufgabe

❋ Nimm dir nicht zu viel vor, sondern setze deine Ziele in erreichbaren Etappen um. Danach kannst du dir neue Ziele setzen. Schreib sie auf kleine Karteikarten und trage sie immer bei dir.

20
Formuliere deine Wünsche klar, knapp und präzise

Um unsere Ziele zu präzisieren, benötigen wir Worte und Sätze. Wir können sie aufschreiben oder sie in Gedanken formulieren. Wie auch immer diese Sätze ausfallen, sie bewirken ziemlich viel. Sie bauen innere Bilder auf. Manchmal auch sehr starke Gefühle.

Je genauer und klarer nun unsere Wunschformulierung ist, desto genauer werden auch die inneren Bilder und Emotionen sein.

Aus diesem Grund versuchen viele, so ausführlich wie nur möglich zu sein. Sie haben Sorge, etwas Wesentliches zu vergessen. Manche machen sich endlos lange Listen, die sie ständig erweitern.

Der Nachteil von so langen Listen liegt natürlich auf der Hand. Sie sind umständlich und anstrengend. Wenn wir uns zum Beispiel abends vor dem Schlafengehen mit unserer Wunschformulierung beschäftigen oder sie in der U-Bahn oder in der Mittagspause auf einer Parkbank noch einmal wiederholen wollen, müssten wir uns immer eine schier endlose Litanei vorbeten.

Finde den eigentlichen Kern deines Wunsches heraus.

Und diesen Kern finden wir, indem wir unseren Wunsch in ein oder zwei Sätzen auszudrücken versuchen. Je präziser und kürzer man seine Sätze gestalten soll, desto mehr ist man gezwungen, zum eigentlichen Wesen seines Wunsches vorzudringen. Kann man es mit zwei Sätzen ausdrücken, weiß man selbst viel genauer, was man sich wirklich wünscht.

Dies bringt dich dazu, nur das Wesentliche deines Zieles zu definieren. Ohne Schnörkel und Schleifchen: »Das ist mein Ziel. Das ist es, was ich wirklich haben will. Dafür bin ich bereit, meine ganze mentale Kraft zu verwenden.«

Soll ein Autor zum Beispiel seine Idee einem Produzenten vorstellen, wird er stets aufgefordert, die Idee in einem Satz auszudrücken. Denn wenn man es nicht schafft, seine Geschichte mit wenigen Worten zu vermitteln, schafft man es mit vielen Worten erst recht nicht. Deswegen arbeiten Autoren oft sehr lange daran, die Grundidee der Geschichte so knapp wie möglich zu fassen.

Ganz ähnlich ergeht es den Werbetextern, die manchmal nur zwei, drei Worte verwenden dürfen. Dennoch soll genau in diesen wenigen Worten die Essenz eines Produktes oder einer Firma enthalten sein.

Die Essenz herauszukristallisieren, ist eine lohnenswerte Herausforderung. Beim Basteln an deinem kurzen Wunschwerbetext wirst du schnell feststellen, ob du eher »um den heißen Brei« herumredest oder ob du es schaffst, deine mentale Kraft auf *einen* Punkt zu bündeln. Du erfährst also sehr schnell, ob du aus lauter Vorsicht viel zu viele Wörter verwendest oder ob dein Ziel klar und verständlich ist. Du erkennst, ob du gerne ausschweifst oder ob du dich innerlich disziplinieren kannst, deine Ziele klar zu definieren.

Affirmationen

❀ Ich formuliere meine Ziele kurz, klar und präzise.

❀ Ich bin mir im Klaren darüber, was ich will.

Aufgabe

❀ Kürze deine Formulierungen auf die Essenz deines Wunsches. Es sollte ein eingängiger, positiver Satz sein.

21

Betrachte das, was du hast

Diese Regel ist ebenso einfach wie wesentlich. Betrachten wir all das, was wir bereits in unserem Leben haben, mit Dankbarkeit, führen wir diesen Dingen Energie und Aufmerksamkeit zu, und sie werden in unserem Leben zunehmen.

Betrachten wir dagegen alles, was uns nicht behagt, und hadern damit, führen wir all diesen ungeliebten Zuständen Energie und Aufmerksamkeit zu, und diese werden sich ebenfalls vermehren, auch wenn wir es gar nicht wollen.

Dennoch ist es genau das, was wir ständig tun. Obwohl in unserem Leben eigentlich alles ganz gut läuft, schenken wir dem Unliebsamen wesentlich mehr Energie als den für uns förderlichen Gegebenheiten. Oft ist es nämlich so, dass von zehn Dingen in unserem Leben bereits neun wundervoll passen, wir aber immer nur auf den *einen* wunden Punkt starren und darauf herumhacken.

Der ständige Blick auf deinen Mangel
verstellt dir den Blick auf deinen Reichtum.

Es gibt Menschen, die schauen vorwiegend auf die Mängel in ihrem Leben. Meist sind diese Leute keine sehr angenehmen Zeitgenossen. Sie vermiesen sich ihr Leben selber und wundern sich trotzdem, dass sich das Schlechte in ihrem Leben vermehrt. Der Blick auf das Negative ist so eine Sache ...

Beobachte dich einfach einmal. Wie gehst du mit dir und deinem Umfeld um? Ist das Glas deines Lebens eher halb voll oder halb leer? Entdeckst du ebenfalls immer Dinge, die noch nicht stimmen? Sucht dein Auge ganz unbewusst sofort nach Fehlern?

Die Aussicht ist schön, aber die Luft zu stickig? Das Essen schmeckt gut, aber der Stuhl ist zu hart? Dein Freund ist ganz höflich, aber hat zu viele Macken?

Wenn du einen unbekannten Raum betrittst oder einem fremden Menschen begegnest, worauf richtet sich dein Auge zuerst? Auf das Schöne oder auf den Mangel? Beobachte dich einmal ganz bewusst für einige Zeit.

Sehr viele Menschen können oder wollen auch das Schöne nicht genießen – in der Erwartung, dass das Schlechte eintreten wird. Sie haben Sorge, wenn es zu schön sein wird, fallen sie anschließend in ein tiefes Loch. Also reden sie vieles lieber gleich etwas schlecht oder lassen sich erst gar nicht darauf ein.

Wollen wir jedoch die Fülle in unser Leben einladen, brauchen wir uns nur auf das zu konzentrieren, was uns bereits in unserem Leben gefällt. Wir sollten daher unser Verhalten ein bisschen beobachten und gegebenenfalls so korrigieren, dass uns in unserem Leben immer mehr Positives anstelle von Negativem auffällt.

Betrachte das, was du hast, nicht das, was du nicht hast. Betrachte es mit Wohlwollen und Dankbarkeit. Und du wirst bald viele Gründe bekommen, noch dankbarer sein zu dürfen.

Affirmationen

❋ Ich bin zu jeder Zeit positiv eingestimmt.

❋ Ich sehe überall und in jedem das Schöne.

Aufgabe

❋ Betrachte diese Woche vorwiegend das, was dir in deinem Leben gefällt. Dann wird sich alles in deinem Leben verändern.

22

Verbinde dich mit der Fülle
in deinem Leben

Betrachten wir einmal in aller Ruhe all das, was in unserem Leben bereits gut läuft, werden wir feststellen, dass dies mit Sicherheit mehr ist, als wir geahnt haben.

Wir haben uns – durch das ständige Vergleichen mit anderen – so sehr daran gewöhnt, auf den Mangel in unserem Leben zu sehen, dass wir ein regelrechtes Mangelbewusstsein entwickelt haben.

Daher ist folgende Übung hervorragend geeignet, dich zurück in dein Wohlstandsbewusstsein zu bringen. Wenn wir uns wieder mit der Fülle in unserem Leben verbinden, ziehen wir nach dem Gesetz der Resonanz weitere Fülle in unser Leben. Befinden wir uns im Mangel, werden wir weiteren Mangel in unserem Leben kreieren.

Übung

* Suche dir einen ruhigen Moment aus und setze dich entspannt hin. Konzentriere dich auf dich selbst.

* Betrachte dich mit einem Lächeln und ruf dir all die schönen Momente in deinem Leben in Erinnerung: Wie viel hast du bereits geleistet? Was hast du alles geschafft? Wie vielen Menschen hast du bereits geholfen? Wer wurde durch dich schon alles glücklich? Betrachte dich erneut in diesen wundervollen Momenten deines Lebens. Betrachte sie ohne Wehmut. Zu alldem warst du bisher fähig.

Das ist deine Kraft, dein Talent und dein Können. Dazu wirst du auch in Zukunft fähig sein. All das kannst du immer wieder schaffen.

* Und nun betrachte dich in deiner Umgebung. Betrachte deine Familie, deine Freunde, deine Verwandten. Du bist wichtig für sie. Weil du etwas in ihrem Leben bedeutest. Deine Liebe zu ihnen ist dein Reichtum. Du bist Halt und Vorbild für sie. Durch die Kraft deiner Worte, durch jede deiner Handlungen veränderst du auch ihr Leben. Durch dich schaffen sie vieles, was sie ohne dich – ohne deine Ermunterung, deine Fürsorge und deine Liebe – vielleicht nicht geschafft hätten. Oft genug war es sogar ganz allein deine bloße Anwesenheit. Spüre die Dankbarkeit für die Möglichkeiten, die das Leben dir bisher geboten hat, Größe zu zeigen.

* Und nun konzentriere dich auf die Momente, in denen deine Freunde und Bekannten und deine Familie dir bisher geholfen haben. Wie viele Menschen denken gut über dich? Wie viele lieben dich, auch wenn sie es nicht immer zeigen können? Wie viel Kraft und Freude geben sie dir? Wie oft kämpfen sie mit dir um die Wahrheit, weil du ihnen wichtig bist?

* Und dann betrachte dich in deiner unmittelbaren Umgebung. Wie wundervoll, dass du es – trotz manchmal schwerster Bedingungen – bis hierher geschafft hast! Sieh dich gedanklich um. Dies alles hast du aus dem Nichts erschaffen. Du bist Schöpfer deiner eigenen Welt. Betrachte dich voller Güte und Wärme. Das Leben beschenkt auch dich reichlich. Spüre, wie wundervoll dies alles ist. Spüre deine Dankbarkeit.

❋ Und nun öffne deine Augen und beginne, all die wundervollen Dinge auf deine kleine Liste zu schreiben. Du wirst erstaunt sein, wie viel bereits in deinem Leben wundervoll läuft.

Mit dieser Übung setzen wir einen Kreislauf der anderen Art in Gang. Statt immer nur über unsere Probleme zu grübeln, erkennen wir das Gute, das bereits in unserem Leben vorhanden ist.
Je öfter wir die Übung machen, umso deutlicher erkennen wir die Dinge in unserem Leben, die uns zuarbeiten. Wir erkennen, dass das Leben bereits in vielen Bereichen im Fluss ist.

Affirmationen

❋ Ich betrachte das Leben als Geschenk.

❋ Ich bin glücklich und zufrieden mit dem, was ich habe.

Aufgabe

❋ Betrachte das, was gut in deinem Leben läuft. Schreibe es auf. Und konzentriere dich für einige Zeit nur darauf.

23
Alles geschieht zu deinem Besten

Dieser Grundgedanke ist einer der stärksten Befehlssätze für unser Unterbewusstsein. Mit dem Gedanken, dass alles – was auch immer es sein mag – zu unserem Besten geschieht, stärken wir unser Urvertrauen und ent-wickeln Gelassenheit, Ruhe, Zuversicht und Zufriedenheit. Vor allem fokussieren wir uns auf die bestmöglichen Lösungen. Wir vertrauen darauf, dass jedes Problem bereits die Lösung in sich trägt und wir nicht mehr in angstvolle Zustände gehen müssen, die das Chaos bloß verstärken würden.

Wenn ich darauf vertraue, dass die Lösung, die mich zu einem noch schöneren, noch besseren Leben führen wird, bereits irgendwo da draußen oder tief in mir drinnen existiert und ich zur rechten Zeit alle nötigenInformationen bekommen werde, kann ich getrost alles meiner inneren Führung überlassen.

Wir begegnen den Herausforderungen gelassener und begrüßen alles Neue, anstatt es zu fürchten. Unsere Wahrnehmung richtet sich auf Lösungen aus und darauf, dass es immer nur noch schöner werden wird.

Gib deine Probleme einfach ab,
anstatt sie zu wälzen.

Das Abgeben von Problemen musste ich übrigens auch erst lernen. Hier ein kleines Ritual, das ich gerne vor dem Schlafengehen mache. Ich komme zur Ruhe und sage mir in Gedanken das bekannte »Gelassenheits-Gebet«:

71

Herr, gib mir die Gelassenheit, Dinge hinzunehmen
die ich nicht ändern kann,
den Mut, das zu ändern, was ich ändern kann,
und die Weisheit, das eine vom anderen zu unterscheiden.

Tief in mir weiß ich: Alles geschieht zu meinem Besten. Das ist die unumstößliche Gewissheit, die ich seit Langem habe. Alles Unangenehme, scheinbar Negative, ist nur eine Korrektur, die mich wieder zu meinem Weg ins Glück führt. Selbst wenn die Lösung etwas anders ausfällt, als ich sie mir vorgestellt habe, nehme ich sie dankbar an, denn ich weiß, sie war zu diesem Zeitpunkt die bestmögliche, um die größte Lernerfahrung zu machen.

Alles ist Entwicklung. Alles, was im Lauf unseres Lebens geschieht, ist ein wesentlicher Bestandteil für unsere Persönlichkeitsentfaltung. Wir reifen an unseren Herausforderungen. Wir erhalten dadurch Kraft, Stärke und Zuversicht.

Gibst du deine Probleme an deine höhere Weisheit in dir ab, dann hast du auch weiterhin deine mentalen Kapazitäten frei und klammerst dich nicht unnötig an etwas, was ohnehin sein eigenes Zeitfenster zur Lösung hat. Denn wenn du ständig angstvoll im Problem verharrst, kann es sein, dass du dich regelrecht für Lösungen blockierst. Vielleicht ist das Wunder längst da, aber du nimmst es nicht wahr, weil du deinen Fokus nicht auf Lösungen ausgerichtet hast. Gib deine Probleme einfach ab und lass das Beste in deinem Leben geschehen.

Affirmationen

※ Ich vertraue darauf, dass die richtige Lösung zum Wohle aller Beteiligten bald stattfindet.

※ Ich bin gelassen und entspannt, denn alles geschieht zu meinem Besten, und ich erfahre alle nötigen Schritte zur rechten Zeit.

Aufgabe

※ Gibt es irgendein Problem, welches dich noch belastet? Was kannst du selbst tun, um dich vertrauensvoll zurückzulehnen und die Lösung freudig zu erwarten?

24
Verbinde dich mit dem Gefühl der Dankbarkeit

Worauf man sein Augenmerk richtet, dem führt man Energie zu. Durch das Danken richten wir unser Augenmerk auf den Reichtum in unserem Leben. Wir vermehren all die positiven Dinge, die es bereits in unserem Leben gibt, weil wir ihnen Aufmerksamkeit schenken. Mit dem Danken beginnen wir, die Dinge in unserem Leben zu betrachten, die bereits gut laufen. Wir lenken unser Augenmerk auf die wundervollen Ereignisse, die uns jeden Tag geschehen. Wenn wir spontan auflisten, was in unserem Leben gut läuft, werden wir uns wundern, wie lang die Liste wird. Dadurch wird uns bewusst, dass unglaublich vieles in unserem Leben schon vollkommen in Ordnung ist. Wir werden uns klar, wie viel wir bisher als selbstverständlich hingenommen haben und wie viel Aufmerksamkeit wir dem wenigen schenken, das uns nicht gefällt.

Falls wir auf die wenigen negativen Punkte starren, wird der Mangel an Bedeutung gewinnen und alles Wunderbare sich immer mehr verlieren. Betrachten wir nämlich immer nur das, was uns nicht behagt, wird uns irgendwann das ganze Leben nicht mehr behagen.

Der ständige Blick auf unseren Mangel verstellt uns den Blick auf unseren Reichtum.

Der Dank beseitigt auch alle Zweifel und Sorgen. Man glaubt an die Ausführung. Man ist sich sicher. Im Alltag bedankt man sich auch nur für die Dinge, die bereits bestätigt sind. »Danke, dass du das für mich machst.« Man bedankt sich also nur für das, wo man absolut sicher ist, dass es auch ausgeführt wird. Mit dem Bedanken bestätigen wir unseren Auftrag. Der Wunsch ist besiegelt. Es ist wie die Unterschrift unter ein Dokument. Das Danken nach der Wunschformulierung bietet einen weiteren Vorteil. Es bekräftigt die innere Entschlossenheit, dass man die Suche nach der Lösung seines Problems endgültig abgegeben hat.

Das Schöne daran ist, dass wir unsere Sorgen und Probleme einfach anderen überlassen können und dies mit dem Dank bekräftigen. Ab sofort brauchen wir uns auch nicht mehr damit zu beschäftigen. Denn das würde ja ansonsten heißen, ich zweifle an denen, die ich damit beauftragt habe. Durch das Danken wird das Leben immer wundervoller, weil man sein Bewusstsein auf das Schöne ausrichtet.

Dankbarkeit erfüllt das Herz
und macht glücklich.

Du wirst zu einer reinen Quelle von positiver Energie. Je klarer und reiner die Energie ist, desto schneller und präziser können alle unsere Wünsche wirken.

Der grundlegende Gedanke des Dankens ist, sich mit dem Fluss des Lebens und mit dem Reichtumsbewusstsein zu verbinden.

Affirmationen

* Ich bin dankbar für das Wunder meines Lebens.

* Ich bin dankbar und glücklich, dass ich geliebt werde.

Aufgabe

* Wofür bist du in deinem Leben dankbar? Lass am Abend einmal den Tag Revue passieren und überlege dir, was heute alles gut gelaufen ist. Mach dir eine Dankbarkeitsliste.

Ich bin verbunden
mit meinen Gefühlen.

25

Sei voller Vertrauen – gib Zweifeln keinen Raum

Zweifeln ist nichts anderes, als an die Nicht-Erfüllung des eigenen Wunsches zu glauben. Mit unseren Zweifeln rufen wir unsere Visionen, kaum dass sie ausgesandt wurden, wieder zurück.

Warum ist das so? Zweifel sind eine intensive emotionale Form von Glaubenssätzen, die ebenso stark auf die Erfüllung unserer Ziele einwirken. In diesem Fall also negativ.

Interessanterweise sind wir uns oftmals gar nicht so richtig bewusst, dass wir zweifeln. Oft wird parallel zum Wunsch gesagt oder gedacht: »Das funktioniert ja sowieso nicht.« Auch dieser Gedanke ist nichts anderes als ein ausgesprochener Wunsch – aber eben in der Negativform. Wir glauben dann an das Gegenteil unseres Wunsches. Die Erwartungshaltung lautet: »Ich werde scheitern.«

Unsere gesamte Wahrnehmung richtet sich nach dieser Erwartungshaltung aus. Wir sind nicht länger voller Vertrauen, Kraft und Freude, sondern eher wankelmütig, zaghaft und unsicher. Wir zeigen uns selbst und natürlich auch allen anderen, was wir eigentlich erwarten, und richten unser Leben danach aus.

Zweifel sind so etwas wie die Stornierung unseres Wunsches.

Der Zweifel ist eine tief verwurzelte Einstellung.
Er ist ein fest verankerter Glaube,
der sich genauso verwirklicht.

Auch ängstliche Gedanken bremsen den Wunsch. Wäre man überzeugt, dass sich der Wunsch erfüllt, bräuchte man die Sorgen ja nicht länger. Die Besorgnis zeigt nur, dass man eher am Zweifel festhält als an der Erfüllung.

Wenn es dann tatsächlich schiefgeht, sagen viele: »Ich habe es mir so sehr gewünscht, aber es ist nie eingetreten. Ich habe es ja gleich gewusst.« Aber was haben sie gleich gewusst? Sie wussten, dass das Wünschen bei ihnen nicht funktioniert. Dieses Wissen sandten sie gleichzeitig mit dem Wunsch hinaus und nahmen ihm damit alle Energie.

Alles positive Denken, alle Mantras dieser Welt helfen nicht, wenn wir tief in unserem Inneren ständig an Mangel und Begrenzungen glauben.

Was macht man nun mit seinen Zweifeln? Mit dieser flüsternden Stimme, die einem ständig sagt, das sehnlich Gewünschte stehe einem nicht zu und die Erfüllung funktioniere ohnehin nicht? Wie schafft man es, nicht auf sie zu hören oder daran zu denken?

Am besten ist es, die zweifelnden Gedanken einfach zuzulassen und sie nicht zu bewerten. Wir bekämpfen sie auch nicht. Wir schenken ihnen aber auch keine weitere Energie. Lass die zweifelnden Gedanken zu und sei dir bewusst, dass auch sie nur Gedanken sind. Und weil sie nur Gedanken sind, können wir sie auch weiterziehen lassen.

Zweifel entstehen, sind da, werden kurz von uns betrachtet – es sind ja bloß Gedanken, denen wir keine weitere Kraft und Bedeutung schenken – und werden unkommentiert wieder losgelassen und weitergeschickt. Wir ärgern uns auch nicht darüber. Zweifel kommen eben. Zweifel gehen auch wieder. Es sind nur Gedanken, an ihnen ist nichts Schlimmes. Sie bekommen erst dadurch Macht, dass wir uns mit ihnen beschäftigen.

Hält dich ein Zweifel hartnäckig gefangen, sage dir öfters, dass es nur ein Gedanke ist. Und dann konzentriere dich wieder auf deine Ziele.

Affirmationen

❀ Ich glaube an die Erfüllung meiner Wünsche.

❀ Ich vertraue darauf, dass ich mein Ziel mit Leichtigkeit erreiche.

Aufgabe

❀ Hast du heute beobachtet, wie viele deiner Gedanken sich mit deinem Vertrauen in die Dinge beschäftigt haben?

❀ Und wie viele Gedanken waren heute voller Zweifel?

❀ Entscheide dich, deine mentale Kraft in das Vertrauen auf dich selbst zu setzen.

26
Sei offen für Zufälle

Du kennst sicher die Aussage: »Es gibt keine Zufälle.« Und dennoch glauben wir oftmals, dass so manches in unserem Leben nur ein Zufall sein konnte. Sooft etwas Unwahrscheinliches geschieht oder uns jemand über den Weg läuft, an den wir gerade gedacht haben, oder wenn sich zwei Menschen unter Millionen von Menschen plötzlich treffen und ihre Liebe zueinander erkennen, glauben wir gerne an den Zufall.

Falls wir also für ein Ereignis keine kausale Erklärung oder einen erkennbaren Zusammenhang finden können, machen wir gerne den Zufall dafür verantwortlich. Unser Verstand weiß es eben nicht besser. Er hat nicht den Überblick. Kann er auch gar nicht haben, denn oftmals wirken bei den sogenannten Zufällen ganz eigene Anziehungskräfte, die unseren Sinnen verschlossen bleiben.

Zufälle sind etwas, das einem zufällt – und zwar genau zum richtigen Zeitpunkt –, wenn man offen und bereit ist, diese Zufälle auch anzunehmen.

Wenn man immer nur in die Richtung schaut, aus der man die Erfüllung erwartet, könnte es geschehen, dass man den Zufall verpasst, weil man darauf lauert, dass der Wunsch ausschließlich auf genau die Weise erfüllt wird, wie es in unser kleines Vorstellungsvermögen hineinpasst. Das Leben ist aber viel einfallsreicher. Wir sagen dann gerne, es sei ein Wunder geschehen, weil wir völlig überrascht sind, dass es plötzlich so viele Zufälle in unserem Leben gegeben hat, damit sich unser Wunsch erfüllen konnte. Dies sagt aber nur etwas über unsere Vorstellungskraft aus und nicht über die unzähligen Möglichkeiten, die es gibt, unseren Wunsch realisiert zu bekommen.

Wünschen wir uns also zum Beispiel Geld, sollten wir es vollkommen offen lassen, auf welchem Weg das Geld zu uns findet.

Sind wir jedoch davon überzeugt, dass beispielsweise nur »Tante Erna« uns das gewünschte Geld geben wird, behindern wir uns mit unserer festgefahrenen Vorstellung dabei, andere Möglichkeiten zu erkennen.

Vielleicht will »Tante Erna« uns das Geld gar nicht geben. Dann fängt sie auch unsere gedankliche Absicht nicht auf. Sie resoniert einfach nicht damit.

Nachdem wir nicht wissen können, was oder wer auf unseren Wunsch anspricht, haben wir natürlich auch keine Ahnung, aus welcher Richtung das Geld eintreffen könnte. Da wir aber keine Ahnung haben, ist es ziemlich unklug, sich auf eine bestimmte Richtung festzulegen.

Affirmationen

✽ Ich bin offen und bereit für die wundervollen Zufälle in meinem Leben.

✽ Ich vertraue darauf, dass sich meine Wünsche auf die vollkommenste Weise erfüllen.

Aufgabe

✽ Beobachte all die sogenannten *Zufälle* in deinem Leben. Und dann überlege dir, welche Überzeugungen, Meinungen und Sehnsüchte vielleicht ein Zusammenspiel von verschiedenen Anziehungskräften erschaffen haben.

27

Höre auf deine Intuition

Wie werden unsere Wünsche erfüllt? Mit Sicherheit anders, als wir erwarten. Es ist nämlich nicht immer so, dass wir uns etwas vorstellen, und schon fliegt es uns einfach zu. Da alles eine Frage von Energie ist, werden wir manchmal auch nur sehr sanft geführt. Und zwar dorthin, wo das Gewünschte zu finden ist.

Wir besitzen ein feines Instrument dafür: unsere Intuition. Will man Kontakt zu seiner Intuition bekommen, braucht man nichts anderes zu tun, als dem nachzugehen, was sich gut anfühlt. Intuition ist nichts anderes als spontanes Handeln – »aus dem Bauch heraus«. Wenn einem etwas einfällt, was man tun möchte, dann tut man es. Man sucht nicht nach Gründen dafür oder dagegen. Man wägt nicht ab. Man folgt dem Impuls. Und ist offen und bereit für alle möglichen Informationen.

Das kann manchmal ein Gespräch sein, das man unerwartet aufschnappt und das eine wichtige Information für einen enthält. Es kann auch ein scheinbar willkürlicher Gedanke sein, dem man nachgeht. Oder man möchte plötzlich einen anderen Weg einschlagen als gewöhnlich und trifft genau dort zufällig einen alten Bekannten, der einem rein zufällig von jemandem erzählt, den man kennenlernen sollte. Und überraschenderweise hat diese Person genau das, was man sich wünscht und braucht: eine neue Wohnung, das Handwerkszeug für die verstopfte Leitung, oder sie kennt jemanden, der das Computerproblem lösen kann.

Energien fließen, lenken, führen, leiten. Man muss nur noch offen dafür sein. Hat man einen Wunsch ausgesandt, gilt es einfach, hellhörig und wach zu bleiben. Dann wird man alle nötigen Informationen bekommen. Am sichersten geht das über die Intuition.

Intuition ist das Zulassen
von sich selbst.

Intuition ist das Gegenteil von Verstand. Wir können nicht darüber nachdenken. Intuition ist keine logische Folge von intensivem Nachdenken. Intuition geht über das Gefühl, über Empfindungen.

Will man auf die Stimme der Intuition hören, muss man sich nur treiben lassen, ohne sich auf ein Ziel zu fixieren. Wenn man also nicht hinterfragt und nicht bewertet, wenn man auf die stillen, leisen Gedanken achtet und ihnen einfach nachgeht, wenn man im Augenblick verweilt, nicht in der Vergangenheit verharrt oder auf die Zukunft schielt, wird man in Kontakt mit seiner Intuition kommen.

Die Wirkungsweise der Intuition
entfaltet sich nur in der Gegenwart.

Mit Hilfe der Intuition wird das Handeln spontan, und das Vertrauen auf die eigene Wahrnehmung wächst. Anstatt den Herausforderungen des Alltags selbst begegnen zu müssen, lassen wir uns zur gewünschten Lösung treiben. Eigentlich ist es nichts anderes, als die feinstoffliche Energie, die wir ausgesandt haben, wieder aufzufangen. Zu uns zurückkehrend führt sie uns dorthin, wo wir das Gewünschte erhalten. Es ist, schlicht gesagt, unser Ahnungsvermögen, das uns führt.

Durch deine Intuition bist du immer dort, wo es die besten Schritte für dein Leben gibt.

Affirmationen

✻ Ich bin verbunden mit meiner Intuition.

✻ Ich öffne mich für meine Spontaneität.

Aufgabe

✻ Lass dich heute einfach treiben und beobachte, wohin dich deine Schritte führen. Was siehst du Neues? Was hörst du Neues? Was entdeckst du Neues an dir selbst?

28
Das Wunder des Lächelns

Manchmal ist es im Alltag einfach unmöglich, Freude und Liebe für sich und andere zu empfinden, besonders dann, wenn etwas Unangenehmes passiert ist und man emotional aufgewühlt ist. Leider ist dies öfter der Fall, als uns lieb ist. Genau genommen gibt es Hunderte von Anlässen, die es einem schwermachen können, die gute Laune zu bewahren.

Natürlich wissen wir, dass wir die Liebe und die Leichtigkeit in uns selbst finden sollten, damit wir dieses Gefühl auch nach außen tragen können, aber wir fühlen uns oftmals außerstande, die inneren Gegebenheiten dafür zu schaffen. Im Gegenteil, wenn wir verärgert oder verängstigt sind, verspannt sich unser Gesicht, und unser ganzer Körper ist gleichermaßen verkrampft.

Unsere alltäglichen Erlebnisse haben Einfluss auf unsere Gedanken und unser Befinden: Dies ist natürlich auch der Fall, wenn unser ganzes Wesen von Glück erfüllt ist. Dann zeigt sich dies ebenfalls in unserer Ausstrahlung, und unsere Augen glühen förmlich vor Begeisterung. Alles ist lebendig, und wir spüren das Erfülltsein in jeder Pore unseres Körpers.

Unser inneres Empfinden strahlt stets
nach außen ab.

Unsere Gedanken erzeugen also Gefühle und bewirken eine gewisse Körperhaltung. Aber diese Wirkung funktioniert auch umgekehrt: Unsere Körperhaltung erzeugt Gefühle und bewirkt dazu passende Gedanken.

Und dies können wir nutzen. Wir machen uns die Wechselwirkung von Körper und Seele zunutze.

Wir können dieses Gefühl der inneren Zufriedenheit auch technisch und zunächst rein äußerlich durch unseren Körper erzeugen, zum Beispiel indem wir unsere Gesichtsmuskeln zu einem Lächeln animieren. Unser Innerstes reagiert darauf. Auch wenn dieses Lächeln nur technisch erzeugt wird. Für unser Inneres ist es so, als gäbe es tatsächlich einen tieferen Grund zum Lächeln. Lächeln verändert die Gefühle und Gedanken.

Wir schaffen es nicht, negativ zu denken,
wenn wir lächeln.

Lächeln schließt alle negativen Gedanken aus. Wenn wir lächeln, können wir nicht bei unseren Zweifeln und Sorgen verbleiben. Probier es aus. Du wirst es nicht schaffen, griesgrämig zu bleiben.

Lächeln wir, dann lächelt unser Gemüt, und wir werden anfangen, die Dinge entspannter zu sehen und den Blickwinkel zu verändern. Wir schaffen es nicht länger, an den Zweifeln festzuhalten. Wir lächeln in der Tat unsere sorgenvollen Gedanken einfach weg.

Allein durch das Lächeln entwickelt sich in uns ein Gefühl von Liebe, Euphorie und Lebenswillen.

Wir können dies natürlich noch steigern, und zwar indem wir uns im Spiegel anlächeln. Lassen wir dies zu einer Gewohnheit werden, werden sich bereits nach kurzer Zeit Achtsamkeit und Anerkennung für uns selbst entwickeln.

Das Größte aber ist, dass sich unser Selbstbild verändern wird. Unser Selbstbild entsteht ja durch den Anblick im Spiegel. Von nun an betrachten wir uns selbst als einen lächelnden Menschen. Und dann geschieht etwas Außergewöhnliches. Wir beginnen unweigerlich, uns selbst zu lieben.

Wie war das noch mal mit dem Gesetz der Resonanz? »Wenn ich mich liebe, dann werde ich von anderen auch geliebt.«

Man kann also von außen eine Stimmung erzeugen, die unser Innerstes als wahr annimmt.

Nutze die Wechselwirkung
zwischen innen und außen – versetze dich
in eine positive Grundstimmung.

Lächle! Lade die Leichtigkeit in dein Leben ein und beobachte, was geschieht. Fühle in dich hinein, spüre, wie die Liebe zu dir selbst mit jedem Tag wächst und wächst – allein durch den einfachen Vorgang des Lächelns.

Affirmationen

❋ Ich bin leicht und frei – glücklich lächelnd umarme ich die Welt.

❋ Ich bin glücklich.

Aufgabe

❋ Sieh dich jeden Morgen im Spiegel an und begrüße dich mit einem Lächeln.

29
Nutze die Kraft des Visualisierens

In den 1980er-Jahren übernahm Dr. Dennis Waitley aus dem Apollo-Programm ein sehr interessantes Visualisierungsprogramm. Er forderte die Teilnehmer der Olympischen Spiele auf, sich in Gedanken bereits den Wettkampf vorzustellen und ihn präzise durchzuspielen. Um die Untersuchungen besser auswerten zu können, wurden die Probanden an Biofeedback-Geräte angeschlossen.

Das Erstaunliche war: Obwohl die Teilnehmer dieses Versuches den Wettlauf nur gedanklich durchspielten, hielten die Muskeln dies für eine reale Belastung und zeigten alle Reaktionen, als würde der echte Wettkampf bereits stattfinden. Die Muskelaktivitäten waren geradezu dieselben. Die dafür zuständigen Nervenzellen nannte man *Spiegelneuronen*.

Dieses Wissen über die Spiegelneuronen machen sich heute viele Spitzensportler zunutze. Man nennt dies *Mentaltraining*. Noch lange bevor der eigentliche Wettkampf beginnt, gehen Sportler immer und immer wieder in Gedanken alle nötigen Bewegungsabläufe durch, bis sie zur zweiten Natur werden. Sie visualisieren und rekapitulieren gewisse Erfahrungen – nur in Gedanken. Dank der Spiegelneuronen stehen die Abläufe schließlich im eigentlichen Wettkampf innerhalb von Sekundenbruchteilen zur Verfügung. Es ist dann fast so, als hätte man den Kampf längst ausgeführt, als hätte man ihn schon tausendmal bestritten und würde über wesentlich mehr Erfahrung, Reaktionsvermögen und Voraussicht verfügen.

Fragt man Spitzensportler, wie sie es geschafft haben, sich dermaßen über einen langen Zeitraum hinweg zu motivieren und immer wieder Kräfte abzurufen, die man ihnen nicht zugetraut hätte, sagen sie sehr oft das

Gleiche: Sie haben sich nur auf das Ziel konzentriert, auf das, was es zu erreichen gilt. Die Vorfreude auf dieses Ziel war bereits so intensiv, dass alle anderen Schritte klein und geringfügig erschienen. Sie waren schon mit dem Ziel und der Freude des Sieges verbunden.

Genau dies können wir uns auch zu eigen machen. Auch wir können für unsere Ziele und Vorhaben ein Resonanzfeld des Sieges aufbauen. Je intensiver wir uns auf das gewünschte Ziel einstellen, je intensiver wir den Sieg durchdenken und vor unserem geistigen Auge ablaufen lassen, desto vollkommener entwickeln wir unser Gehirn für diesen Sieg.

In der Tat weiß man heute, dass wir eine Art »Bibliothek neuronaler Verknüpfungen« in unserem Gehirn schaffen können, wenn wir unsere Vorstellungskraft auf diese Weise einsetzen. Aus dieser Sicht wird uns nun auch die tiefere Wirkungsweise des Visualisierens verständlich. Denken wir uns mithilfe unserer Vorstellungskraft ganz bewusst und gezielt in gewünschte Situationen hinein, stärken wir unsere Überzeugung. Und wie wir wissen, gestaltet sich unser Leben nach unseren Überzeugungen.

Darüber hinaus aktivieren wir unsere Spiegelneuronen und können zur rechten Zeit über wesentlich mehr Wissen verfügen. Es ist für unser Gehirn dann tatsächlich so, als hätten wir mit solchen Situationen genügend Erfahrung gesammelt, wüssten stets zur rechten Zeit das Nötige zu tun, und beeindrucken uns und unsere Umwelt mit Sicherheit, Ruhe und Wissen.

Affirmationen

❋ Ich bin verbunden mit dem optimalen Ausgang meines geplanten Zieles.

❋ Ich vertraue auf die Kraft meiner inneren Bilder.

Aufgabe

❋ Nutze die Kraft des Visualisierens. Mache es dir zum Beispiel zur Gewohnheit, vor einem wichtigen Termin das Treffen im Geiste durchzuspielen und dir den gewünschten Ausgang vorzustellen. Auf diese Weise fühlst du dich sicher und souverän und prägst mit Leichtigkeit das Geschehen mit.

30
Nutze die beste Zeit zum Wünschen

Wann ist eigentlich die beste Zeit, um sich mental auf seine Ziele einzustimmen?

Hirnforscher haben herausgefunden, dass unser Gedächtnis vor allem nachts aufgebaut wird, während des Schlafes. Alles was wir am Tag erleben, hören, sehen oder denken, wird nicht, wie man bisher annahm, am Tag, sondern erst nachts in unser Gedächtnis eingebaut und ist erst dann für uns immer wieder abrufbar.

Nun weiß man inzwischen auch, dass alles, was wir direkt vor dem Schlafgehen erleben, wesentlich intensiver in unserem Gedächtnis gespeichert wird. So empfanden Testpersonen, denen die Wissenschaftler am Abend aufwühlende Bilder zeigten, am nächsten Morgen die Bilder als noch intensiver und eindringlicher in ihrer Erinnerung.

Die beste Zeit, sich mit dem zu beschäftigen, was wir in unserem Leben vermehren wollen, ist also abends vor dem Schlafengehen. Nutze diese Zeit für dich und deine Ziele. Lies aufbauende Bücher und beschäftige dich mit deinen Visionen. Gehe in die Vorfreude und in deine Vorstellungskraft.

Wenn du mit dem Wunsch auf deinen Lippen einschläfst, wird dein Unterbewusstsein diesen Wunsch die ganze Nacht weitertragen und in dein Gedächtnis einbauen. Wahrscheinlich träumst du sogar davon. Der Gedanke an die Verwirklichung deiner Wünsche lässt dich meist befreit und sorgenfrei zur Ruhe kommen, und jede Zelle deines Körpers nimmt diese Information ungehindert auf, ohne dass es zu tausend anderen Einflüssen kommt, wie sie tagsüber auf uns einströmen. Probiere es einmal aus, du spürst den Unterschied sofort. Sehr oft wirst du sogar damit wieder aufwachen und auf angenehme Weise bemerken, wie wundervoll es sich anfühlt, wenn dein Wunsch bereits in Arbeit ist.

Wenn du zusätzlich morgens eine Minute in stiller Andacht mit deinem Wunsch und der zugehörigen Affirmation verbringst und den Tag auf diese Weise beginnst, wird dich die positive Energie den ganzen Tag über begleiten. Auf diese Weise wirst du die meiste Zeit in Resonanz mit deinem Wunsch verbringen und beständig diese Energie aussenden.

Möchtest du dein Leben künftig selbst gestalten und in die Hand nehmen, möchtest du einfach wieder glücklich sein und deinem Leben eine am Ziel orientierte Richtung geben, dann werde Herrscher über deine allabendliche Zeit und über die Gedanken, die du mit in den Schlaf nimmst. Baue dir ein Gedächtnis auf, wie es dir zusteht.

Affirmationen

❋ Die beste Zeit, um meine Ziele zu erreichen, ist *jetzt*!

❋ Ich bin glücklich und erfolgreich.

Aufgabe

❋ Abends vor dem Schlafgehen ist also die beste Zeit, dich mental mit deinen Sehnsüchten und Zielen zu beschäftigen. Fang heute damit an und gewöhne es dir für einige Zeit an, und dein Leben wird sich verändern.

❋ Am besten wiederholst du abends vor dem Einschlafen deine Wunsch-formulierungen und deine Wunschbilder vor der inneren Leinwand deiner Augen. Ebenso morgens beim Aufstehen. Dann trägst du sie auch in das Tagesbewusstsein hinein.

31
Alles in unserem Leben ist »nur« Energie

$\mathcal{D}$iese Regel ist für unseren Verstand zunächst befremdlich. Schließlich hat er gelernt, dass nur die Dinge, die wir mit unseren Sinnen wahrnehmen können, auch real sind. Gegenstände sind Gegenstände. Für unseren Verstand hat dies nichts mit Energie zu tun.

Und dennoch ist alles Energie. Auch Materie ist reine Energie. Auch wir Menschen bestehen ausschließlich aus Energie. Ebenso sind Gedanken, Gefühle, Emotionen, Ereignisse und Situationen lediglich verschiedene Erscheinungsformen von Energie.

Woraus besteht denn Materie? Aus winzig kleinen Teilen, die man Atome nennt. Die Gegenstände unterscheiden sich grundsätzlich nur dadurch, aus welchen Atomen sie zusammengesetzt und wie diese angeordnet sind. Alle Materie auf dieser Welt ist aus diesen Atomen zusammengebaut.

Atome lassen sich in noch kleinere Elementarteilchen aufteilen, im Wesentlichen in Protonen, Neutronen und Elektronen. Zwischen den Protonen und Neutronen, die den Atomkern bilden, und den Elektronen, die auf Kreisbahnen darum kreisen, ist viel leerer Raum. Unvorstellbar, aber wahr: Wäre der Kern eines Atoms so groß wie eine Erbse, wäre die Elektronenhülle 170 Meter entfernt. Das meiste, was wir »sehen«, ist nur Leere. Dennoch nehmen wir es als Materie wahr.

Wir nehmen es jedoch bloß so wahr, in Wirklichkeit ist es nicht so. Wir nehmen die verschiedenen Schwingungen auf und verarbeiten die Informationen in unserem Gehirn zu einem Bild. Wir übersetzen sie in eine für uns verständliche Form.

Erst wenn wir verstehen, dass jeder Gegenstand dieser Erde, jeder Mensch und jede Situation lediglich Energie in verschiedenen Formen sind, begreifen wir, auf welche Weise wir Materie beeinflussen können. Schon 1933 beobachteten die Physiker Marie und Pierre Curie, wie Materie aus dem Nichts entstehen kann. Sie entdeckten wissenschaftlich, dass sich Energie in Masse umwandeln lässt.

Die wichtigste physikalische Entdeckung aber ist: Energie lässt sich lenken, und zwar durch Gedankenkraft. Unsere Gedanken könnte man mit einer Art Laserpistole vergleichen, welche die Energie auf einen bestimmten Punkt richtet. Das Licht einer Glühbirne zum Beispiel und das eines Lasers unterscheiden sich im Wesentlichen dadurch, dass das eine diffus ist, die Photonen also in alle Richtungen schwirren, und das andere zielgerichtet. Genauso lenkt unsere Gedankenkraft die immer und überall vorhandene Energie in eine bestimmte Richtung, sodass sie sich in einer bestimmten Form verdichtet.

Wenn also Energie Materie entstehen lässt und Gedanken pure Energie sind, entstehen um uns herum ständig Dinge, die wir materialisieren. Denn schließlich denken wir ständig. Die Frage ist nur, in welche Richtung wir denken. Nutzen wir die Kraft unserer Gedanken zu unserem Vor- oder Nachteil?

Affirmationen

* Alles, was ich denke, materialisiert sich in meinem Leben.

* Ich erschaffe meine Realität durch die Kraft meiner Gedanken.

Aufgabe

* Beobachte einmal, was du über dich und deine Umwelt denkst. Dann beobachte, ob sich deine Gedanken eventuell genau auf diese Weise realisiert haben. Das, was wir denken, realisiert sich in unserem Leben.

Ich bin innerlich
und äußerlich reich.

32

Höre immer auch auf dein Bauchgefühl

Um in Resonanz mit seinem Ziel zu kommen, spielt das Gefühl eine entscheidende Rolle.

Wollen wir Neues beginnen, anderes, Unbekanntes wagen, betreten wir Bereiche, in denen sich unser Verstand nicht auskennt. Woher sollen wir aber dann wissen, ob wir das Richtige tun?

Ganz einfach: Wir haben ein fabelhaftes Instrument in unserem Körper: unser Bauchgefühl. Dieses Bauchgefühl weiß ganz viel über unser künftiges Wohlergehen. Unser Bauch kann nämlich vorfühlen. Und sehr oft erweist sich die Bauch-Entscheidung später als richtig.

Aber wie hört man nun auf seinen Bauch? Indem wir uns einfach selber Fragen stellen und den Antworten nachspüren.

Sehen wir uns doch einmal das Ganze beim Wunsch nach einem Seelenpartner an. Auch hier schicken wir unseren Verstand »auf Urlaub«. Du kannst deinem Bauchgefühl nachgehen und dich fragen: Wie würde es sich anfühlen, wenn du diesen Menschen wieder treffen würdest? Wie würde es sich anfühlen, wenn du mit ihm oder ihr zusammen wärst? Was für ein Gefühl hast du beim Gedanken, deine Telefonnummer weiterzugeben? Wie fühlt es sich an, wenn seine oder ihre Zahnbürste neben deiner steht?

Versuche, nur zu spüren, nicht zu denken. Erforsche das Gefühl, das in dir entsteht. Dieses Gefühl betrügt dich nicht. Es sagt dir alles über die gemeinsame oder trennende Schwingungsebene.

Inzwischen weiß man, dass die ersten drei Sekunden darüber entscheiden, ob man mit jemandem zusammenkommt oder nicht. Nach diesen drei

Sekunden setzt unser Verstand ein, der uns logische Gründe zu liefern versucht, warum es ratsam wäre, sich näher kennenzulernen oder das Weite zu suchen. Willst du aber spüren, ob die Energie des anderen zu dir passt, höre nicht auf diese Gründe. Gründe werden dir nichts darüber erzählen, sondern immer nur deinen jetzigen Zustand beschreiben. Ob dieser Partner der richtige für dich ist, kann dir dein Verstand nicht sagen. Dafür ist er nicht zuständig. Sondern einzig und allein dein Gefühl.

Sich auf der gleichen Schwingungsebene zu befinden, bedeutet aber noch lange nicht, dass dies dein Partner fürs Leben oder gar dein Seelenpartner ist. Es bedeutet lediglich, dass es hier Gemeinsamkeiten gibt, die du mit diesem Menschen ausleben könntest. Das kann der Wunsch nach tiefen Gesprächen, Reisen, langen Spaziergängen, Besuchen in der Oper oder wildem Sex sein. Es gibt unendlich viele verschiedene Schwingungsebenen, die sich treffen können. Schwingst du mit jemandem gleich, dann berühren sich hier zwei Ebenen, die jetzt gerade bei dir angesagt sind. Ob du dich darauf einlässt und sie ausleben willst, bleibt einzig und allein deine eigene Entscheidung. Dein Gefühl sagt dir nur, dass es eine gemeinsame Ebene gibt. Fühlt es sich dagegen nicht gut an, obwohl dein Verstand dir dringend rät, zuzugreifen, lass dennoch die Finger davon. Willst du wissen, ob du dich einlassen sollst, höre auf deinen Bauch.

Affirmationen

❉ Ich bin verbunden mit meinen Gefühlen.

❉ Ich vertraue darauf, dass mein Gefühl mich zu meinem Ziel geleitet.

Aufgabe

❉ Achte nach dem Aussenden des Wunsches auf dein Gefühl. Was fühlt sich angenehm an? Welche Informationen bekommst du?

33
Den perfekten Partner finden

Es gibt ein einfaches und dennoch sehr effektives Mittel, um genau den Partner anzuziehen, der deinen Vorstellungen entspricht. Dazu musst du natürlich erst einmal wissen, welche Vorstellungen du wirklich hast, und vor allem, ob du tatsächlich bereit bist, all deine Vorstellungen in die Beziehung einzubringen. Überlege dir:

»Was will ich?« Alles was du in deiner Beziehung verwirklicht wissen möchtest, wirst du auf deiner Wunschliste wiederfinden.

»Was habe ich *jetzt*?« Du wirst dir über deine *unbewussten* Wünsche klar. Du erfährst, wo du gerade stehst – und warum du dich da befindest. Die Liste ist sozusagen deine seelische Landkarte.

»Was bin ich bereit zu geben?« Das Wesentliche an der Liste aber ist der dritte Aspekt: die Bestandsaufnahme. Sie offenbart dir, wie tief und ehrlich deine Bereitschaft, eine wahrhafte Liebesbeziehung einzugehen, in Wirklichkeit ist.

Wie sieht nun so eine Liste aus? Ganz einfach: Du machst zunächst zwei Spalten. In die eine schreibst du hinein, was du alles in der Partnerschaft vorzufinden wünschst und was dein Partner daher alles mitbringen soll. Wie sind deine Vorstellungen von einer wunderbaren Beziehung? Sei absolut ehrlich. Schreib alles auf, was dir in den Sinn kommt.

Bist du mit der ersten Spalte fertig, beginnen wir mit der zweiten. Sie korrespondiert mit der ersten. In diese Rubrik schreibst du, was du glaubst, in einer Beziehung anbieten zu können. Was alles bist du von Herzen bereit, in die Beziehung einzubringen?

Möchtest du zum Beispiel, dass dein künftiger Partner immer ehrlich zu dir ist, so steht bei dir in der linken Spalte: »Absolute Ehrlichkeit.«

Aber du weißt ja: Was du forderst, musst du auch selbst einbringen. Also schreib auf die rechte Seite ebenfalls: »Absolute Ehrlichkeit.« Das ist es, was du selbst einbringst.

Aber kannst du es wirklich bedingungslos einbringen? Vielleicht ist es ja eher ein Ziel von dir. Dann formuliere es besser anders: »Das Ziel in meiner Beziehung sollte absolute Ehrlichkeit sein. Das ist es, was ich mit Hilfe meiner Beziehung verwirklichen möchte.«

Hört sich das besser an? Vielleicht etwas realistischer? Nun musst du noch die linke Seite ausbessern. Dort musst du ebenfalls hineinschreiben: »Eines der Hauptziele unserer Beziehung sollte die Verwirklichung von absoluter Ehrlichkeit sein.«

Dann wird es so sein. Zum einen hat deine künftige Beziehung eine Aufgabe, einen tieferen Sinn, zum anderen ist dein Partner dir ebenbürtig. Er wird den gleichen Wunsch haben wie du und an sich arbeiten wollen.

Je ehrlicher du jedenfalls mit deiner Liste umgehst und je besser du dich wirklich einschätzen kannst, desto schneller wird deine Entwicklung in der gewünschten Richtung sein.

Affirmationen

✽ Ich bin in der Beziehung, die ich mir aus tiefstem Herzen wünsche.

✽ Ich habe eine erfüllte Liebesbeziehung.

Aufgabe

✽ Beginne die Liste in aller Ruhe und ergänze sie immer wieder.

✽ Finde heraus, welche Partnerschaft für dich die geeignete ist.

34

Denke beim Partnerwunsch weniger an den Partner, sondern mehr an dich

Wir alle haben die gleiche große Sehnsucht: einen Partner fürs Leben zu haben. Einen Partner, der ähnlich denkt und fühlt wie wir, der an unserer Seite steht und zu uns hält, der uns akzeptiert, wie wir sind, mit all unseren Stärken und Schwächen, und der natürlich unsere Liebe erwidert. Also einen Partner, der uns entspricht. Gerade beim Partnerwunsch ist es wichtig, uns zu fragen: »Was will ich wirklich?

Mindestens genauso bedeutsam ist es allerdings, nach der eigenen Motivation zu fragen: »Warum will ich einen Partner?« Meistens ist es so, dass das, was ich im Außen zu erhalten wünsche, in Wahrheit in meinem Inneren fehlt.

Lautet mein Wunsch zum Beispiel: »Ich will jemanden, der mich bedingungslos liebt«, so kann das in Wahrheit heißen: »Ich werde nicht geliebt. Ich bin nicht liebenswert. Ich liebe mich selbst nicht.« Viele suchen nach einem Partner, der sie bedingungslos liebt, weil sie sich selbst nicht lieben.

Die eigentliche Ausgangsbasis für den Wunsch müsste jedoch lauten: »Ich bin liebenswert, so wie ich bin. Ich akzeptiere all meine Mängel und nehme mich genauso an, wie ich jetzt bin. Ich bin einzigartig und schön und komme meiner Liebe zu mir selbst jeden Tag näher. Durch meine Liebe zu mir selbst ziehe ich den Menschen an, der mich mit den gleichen Augen betrachtet wie ich mich. Ich bin offen und bereit, die Liebe zu mir selbst sowie die Liebe eines anderen Menschen zuzulassen, damit die Liebe in meinem Leben in Erscheinung tritt.«

Genau genommen suchen wir auch nach uns selbst, schließlich wollen wir uns in unserem geliebten Partner widerspiegeln. Er soll uns ähnlich sein. Er soll sich mit uns entwickeln und die Welt mit ähnlichen Augen betrachten. Er soll über die wesentlichen Dinge ähnlich denken wie wir: über Treue, Familie, Liebe und die Art der Lebensbewältigung.

Denke beim Partnerwunsch weniger an den Partner, sondern mehr an dich. Was erhoffst du dir von deinem Partner? Beschreibe alle Details, die dir einfallen, aber lege viel mehr Gewicht auf das Glück und die Zufriedenheit, die du in dieser Partnerschaft erleben möchtest. Wie genau soll dieses Glück aussehen? Was fehlt dir zurzeit? Welche Dinge hast du selbst noch nicht entwickelt und hoffst, sie von außen zu bekommen? Erst wenn du genau weißt, in welcher Partnerschaft du leben möchtest, kannst du deine Ziele formulieren.

Affirmationen

* Ich bin einzigartig und schön und komme meiner Liebe zu mir selbst jeden Tag näher.

* Ich bin offen und bereit, damit die Liebe in meinem Leben in Erscheinung tritt.

Aufgabe

* Überlege dir sehr genau, wie deine Partnerschaft aussehen soll. Je mehr du darüber weißt, desto mehr erfährst du über dich selbst. Vielleicht hilft dir ja die Liste in der nächsten Wunschregel.

35
Suche in anderen das Schöne

Wie schnell urteilen wir über andere Menschen! Mit unerbittlicher Häme sind wir auf der Suche nach ihren Schwächen und freuen uns über jeden Fehler, den wir bei ihnen entdecken. Wir finden meist auch ziemlich schnell Gleichgesinnte, die uns in unserer negativen Meinung bestätigen. Aber schau dir diese Gleichgesinnten einmal genauer an. Meist sind sie nicht sehr zufrieden mit ihrem Leben, ihrer Arbeit, ihrem Zuhause oder ihrem Aussehen. Kommt dir das bekannt vor? Natürlich, denn sie sind wie du. Nach dem Gesetz der Anziehung zieht Gleiches immer Gleiches an.

Jeder von uns hat sowohl helle als auch dunkle Charakteranteile. Wir können uns mit jedem von ihnen verbinden. Richten wir unsere bewusste Wahrnehmung auf die Fehler anderer, begeben wir uns ins Schwingungs-feld von Mangel und wecken diese Energie auch in uns.

Wenn wir uns von unserer Liebe zu uns selbst getrennt haben, werden wir auch immer bei anderen eine Trennung hervorrufen wollen. In Wahrheit versuchen wir also, die Fehler anderer an den Pranger zu stellen, in der Hoffnung, keiner möge unsere eigenen sehen. Vor allem, weil wir sie selbst nicht sehen wollen.

Anstatt unsere eigenen Fehler zu suchen und liebevoll zu behandeln, weichen wir der Wahrheit aus. Könnten wir nämlich unsere eigenen Fehler annehmen, würden wir dies auch bei anderen tun.

Wir denken immer, wir sehen andere, dabei sehen wir nur uns selbst. Wir können in anderen Menschen lediglich das sehen, was auch in uns schlummert. Alles andere würden wir gar nicht wahrnehmen. Alles andere befindet sich nicht in unserem Resonanzfeld und würde nichts in uns zum Schwingen bringen. Bewertest du andere, weckst du diese schlummernde Energie auch in dir! Du siehst dich selbst im anderen. Bewertest du andere, bewertest du vor allem insgeheim dich selbst. Je negativer du über jemanden denkst, umso mehr schwächst du dich selber.

Wenn du den Mangel in anderen Menschen siehst und verurteilst, verurteilst du in Wahrheit auch dich und deinen Mangel. Richtest du dein Augenmerk auf die Schattenseiten deiner Mitmenschen, wirst du dieses Resonanzfeld in deinem Leben immer mehr vergrößern. Und schon bald wirst du umgeben sein von Menschen, über die du dich so herrlich aufregen kannst, weil du unbewusst ihre Nähe suchst. Gleichschwingende Resonanzfelder ziehen sich gegenseitig an.

Würdest du dich stattdessen ausschließlich mit dem inneren Reichtum in dir verbinden, würdest du sehr rasch immer mehr Menschen begegnen, an denen dir etwas gefällt.

Richten wir unseren Fokus auf das, was uns gefällt, begeben wir uns in das Resonanzfeld der Schönheit. Auch hier gilt das Gesetz der Anziehung: Gleiches zieht Gleiches an. Du wirst also immer mehr von Menschen umgeben sein, die ähnlich denken und die dich seelisch bereichern.

Vor allem hörst du auf, dich selbst zu verurteilen. Und das ist ein wichtiger Schritt. Denn nun kannst du dich endlich mit deiner eigenen Strahlkraft verbinden. Die Freude und die Strahlkraft werden in dein Leben zurückkehren, ebenso wie die Schönheit, die schon so lange in dir geschlummert hat und nun durch die neue Ausrichtung deines Fokus zum Leben erweckt wird.

Affirmationen

❋ Ich bin frei von Bewertungen.

❋ Ich zeige nur noch meine positiven Charaktereigenschaften.

Aufgabe

❋ Lobe andere. Das weckt diese Energie auch in dir.

❋ Verteile Komplimente. Dadurch verteilst du auch Komplimente an dich.

❋ Betrachte einmal nur das, was dir an anderen gefällt. Es gibt immer etwas, was wir an anderen mögen.

❋ Versuche, das einen Tag lang durchzuhalten. Dein Leben wird sich mit einem Schlag verändern.

36
Notiere den Wunsch

Gedanken kommen und gehen. Manchmal entstehen sie ebenso rasch, wie sie wieder verschwinden. Du kennst das sicherlich. Du hattest unterwegs eine gute Idee – doch beim Nach-Hause-Kommen war sie weg. Keine Chance, sich noch einmal daran zu erinnern. Genauso ist es mit unseren Wünschen und Zielen.

Wir haben einen festen Vorsatz, halten ihn kurz in unserem Kopf fest und wissen in diesem Moment genau, was wir gerne in unserem Leben realisiert haben möchten. Ein, zwei Tage später sind wir längst von anderen Gedanken und Sehnsüchten eingefangen worden. Irgendwann später erinnern wir uns an den Wunsch, haben in der Zwischenzeit viele andere, womöglich entgegengesetzte Wünsche gehabt und wundern uns, wenn in unserem Leben Chaos anstatt Klarheit herrscht.

Ohne es zu wissen, wünschen wir nicht nur nebenher etwas, sondern wir wünschen ständig ab und um und neu und wieder doch ganz anders. Oft haben wir es gar nicht so gemeint, waren nur einen Moment lang davon beseelt und wünschen uns im nächsten schon etwas anderes. Und plötzlich sind wir in einem Sammelsurium von ausgesandten Wünschen und haben keinen Überblick mehr über unser Leben. Dann geschehen unzählige verschiedene und gegenläufige Dinge um uns herum, und in all dem Durcheinander erkennen wir nicht mehr, dass wir die Schöpfer all dieser Dinge sind.

Wenn wir jedoch unsere Wünsche aufschreiben, können wir den Plan unseres Lebens ziemlich gut verfolgen. Wir geben unseren Wünschen eine klare Richtung und Gewichtigkeit. Lesen wir irgendwann die Wünsche der letzten Monate nach, werden wir uns über unsere Ziele klarer.

Wir werden beständiger, ausdauernder und zielgerichteter, da alle anderen, schnell dahergehuschten Wünsche nachlassen. Wollen wir unsere Wünsche bewusst und zielorientiert realisieren und gleichzeitig den Überblick behalten, sollten wir sie unbedingt aufschreiben.

Ein weiterer Vorteil: Indem wir unsere Wünsche notieren, bezeugen wir auch unseren festen Willen. Wir meinen es plötzlich ernst. Der Wunsch gewinnt für uns an Bedeutung und wird kraftvoll.

Am besten ist es, den Augenblick des Aufschreibens zu etwas Besonderem werden zu lassen. Zünde zum Beispiel Kerzen an, lege schöne Musik auf oder bleibe in absoluter Stille. Gönne dir ein bisschen Zeit und Ruhe. In diesem Moment gestaltest du dein Leben. Entspanne dich ..., dann weichen den Druck, die Schwere und alle störenden Sorgenfalten. In der Entspannung kannst du mit würdevoller Leichtigkeit und hoffnungsvoller Vorfreude an die Sache herangehen, und deine inneren Bilder werden positiver und kraftvoller.

Hast du nun deinen Wunsch klar für dich in Gedanken formuliert, schreibe ihn mit der tiefen Gewissheit auf, dass er erfüllt wird.

Bewahre deinen Wunsch an einem besonderen Ort auf, an einem schönen Platz, denn er zeigt dir, wie wichtig und heilig dein Wunsch für dich ist.

Affirmationen

❋ Ich bin es wert, mich mit meinen Wünschen zu beschäftigen.

❋ Meine Ziele und Visionen erreiche ich mit Leichtigkeit und Freude.

Aufgabe

❋ Notiere dir alle deine Wünsche. Deine Wünsche sind deine Ziele.

37

Präzisiere deine Formulierungen durch Aufschreiben

Das Aufschreiben deiner Wünsche (siehe vorige Regel) hat einen weiteren Vorteil: Es ist gleichzeitig eine gute Möglichkeit, an unseren Formulierungen zu lernen und sie zu verbessern.

Falls wir unseren Wunsch nicht aufschreiben, kennen wir zwar noch den ungefähren Sinn unseres Wunsches, aber die Worte verdrehen sich im Laufe der Zeit in unserer Erinnerung. Kein Wunder, strömen doch jeden Tag unzählige neue Einflüsse auf uns ein. Wir verändern uns, unsere Gedanken verändern sich und damit auch unsere Erinnerung, die uns meist eine nicht zu trennende Mischung aus Wahrem, Gedachtem und Erhofftem vorspiegelt. Ohne das schriftliche Festhalten des Wunsches wird man mit Sicherheit des Öfteren vor unlösbaren Rätseln stehen. Oftmals wissen wir dann, wenn der Wunsch sich erfüllt, nur noch vage, was wir uns tatsächlich gewünscht haben.

Was übrigens ebenfalls ziemlich oft passiert: Gewisse Teile der Lieferung gefallen uns nicht oder nicht mehr. Dann sind wir meistens felsenfest davon überzeugt, dass die Bestellung falsch ausgeführt wurde. Das Geschriebene jedoch belegt die ursprüngliche Wunschformulierung und zeigt uns, wie genau unsere mentale Ausrichtung gearbeitet hat und wie ungenau wir formuliert haben.

Gerade durch das Aufschreiben des Wunsches lernt man innerhalb kurzer Zeit, mit der Differenz zwischen dem Gewünschten und dem tatsächlich Gelieferten umzugehen. Allein durch das vergleichende Arbeiten wird man seine Wünsche rasch präzisieren und später nachvollziehen können, wie sich die Formulierung des Wunsches entwickelt hat – vom ersten, verschwommenen »Ich will ...« bis zur endgültigen Fassung.

Mit der präzisen Wortwahl entwickeln sich die richtigen Bilder und die richtige Überzeugung.

Außerdem kann man die Wünsche und die Weise, wie sie erfüllt wurden, jederzeit nachschlagen, auch noch Jahre danach. Dabei lernt man nicht nur für künftige Formulierungen, sondern hat auch schwarz auf weiß einen Beweis für den Verstand, wenn er mal wieder zweifeln und alles dem Zufall zuschreiben will, dass unsere kleine Wunschfabrik funktioniert. Innerhalb kurzer Zeit verwandeln sich unsere anfänglichen Zweifel vom gläubigen Staunen zum überzeugten Wissen.

Nichts ist so erfolgreich wie der Erfolg selbst, denn er zieht weiteren Erfolg nach sich.

Allerdings geht das nicht über Nacht. Wir benötigten eine gewisse Zeit, um unseren Verstand umzuerziehen und von der Wirksamkeit des zielorientierten erfolgreichen Wünschens zu überzeugen. Am schnellsten geht das, wenn wir unsere Wünsche in ein Wunschtagebuch schreiben. Übrigens findet man dadurch immer wieder genügend Motivation, sich erneut etwas erfolgreich zu wünschen. Und last but not least macht es Spaß, seine Erfolgserlebnisse zu notieren.

Affirmationen

✻ Ich formuliere meine Ziele ganz präzise.

✻ Ich bin mir klar darüber, was ich will und was ich brauche.

Aufgabe

✻ Nimm ein Tagebuch zur Hand und schreibe deine Wünsche, Ziele und geheimen Sehnsüchte auf. Somit hast du sie vor Augen. Fang an, aus diesen Sätzen heraus klare Ziele zu formulieren.

38

Schaffe klassische Konditionierungen

Verknüpfen wir Gedanken, Gefühle usw. mit gewissen Beschäftigungen und Orten, dann konditionieren wir unseren Verstand. Wir schaffen eine unbewusste Verbindung. Schon sehr bald beginnt unser Verstand, diese Gefühle selbstständig und völlig automatisch zu entwickeln. Wir haben meist keine Ahnung, warum wir plötzlich an bestimmten Orten den Drang verspüren, gewisse Handlungen ausführen zu müssen. Oft zeigt sich dieser Automatismus in Form von unbändiger Lust oder unstillbarer Sehnsucht. Diese Lust scheint aus heiterem Himmel zu entstehen. Sie überfällt uns scheinbar unvorhergesehen. In Wahrheit haben wir unseren Verstand nur darauf konditioniert.

Würden wir zum Beispiel immer eine bestimmte Musik hören, wenn wir ein Bier trinken, würde sich nach einer ganz kurzen Zeit der Konditionierung bereits Durst einstellen, sobald wir irgendwo im Radio diese Musik hören. Wir haben das eine mit dem anderen verbunden. Wir haben für unseren Verstand einen Zusammenhang geschaffen.

Die Werbung kennt diesen Zusammenhang und schafft beständig solche Verknüpfungen in unserem Verstand. Ich meine, was hat Bier mit Fußball zu tun? Oder eine nackte Frau mit einem neuen Motorrad? Für uns scheint diese Verbindung inzwischen fast selbstverständlich geworden zu sein. Kein Wunder: Wir sind geschickt darauf konditioniert worden.

Mit Sicherheit kennt jeder von uns viele solcher Konditionierungen in seinem eigenen Leben. Viele davon haben wir uns selbst geschaffen. Wenn wir uns zum Beispiel angewöhnt haben, immer zuerst auf die Toilette zu gehen, sobald wir nach Hause kommen, werden wir schon sehr bald bereits den Harndrang verspüren, wenn wir die Wohnungstür aufschließen.

Das Schaffen von Konditionierungen können wir nun sehr gut für unsere gewünschten Ziele nutzen. Gut ist zudem, dass wir an keine Zeit gebunden sind. Gleichgültig ob wir spät in der Nacht oder früh am Abend oder im Urlaubsort mit seiner Zeitverschiebung schlafen gehen, stets wird die klassische Konditionierung greifen. Wir haben dann durch gezieltes Training in unserem Gehirn eine direkte Verknüpfung zwischen dem Schlafengehen und unseren Wünschen geschaffen.

Affirmationen

- ✳ Ich erschaffe mir positive Gewohnheiten, die mir nützlich sind.
- ✳ Ich lasse alle schädlichen Konditionierungen sein.

Aufgabe

- ✳ Vor dem Schlafgehen ist die beste Zeit, sich mental auf die eigenen Ziele einzustellen. Gewöhne dir in dieser Zeit an, dich für zehn Minuten positiv einzustimmen, zum Beispiel indem du lächelst, deine Affirmationen benutzt, deine Wunschcollage betrachtest, dich mit vergangenen Glücksmomenten verbindest, in die Vorfreude gehst oder dir das Erreichen deiner Ziele so klar wie möglich vorstellst. So baust du für deinen Verstand ebenfalls eine klassische Konditionierung auf, und er wird nach kurzer Zeit bereits völlig selbstständig in deine Ziele hineindenken.

39

Übe dich in Verschwiegenheit

Alle wirklich großen Ideen und Visionen entstehen und entwickeln sich erst einmal in der Verschwiegenheit. Jedes noch so große Vorhaben ist am Anfang nur eine Idee, ein Impuls, ein Gedanke, der wieder verschwindet, falls er nicht aufgefangen und festgehalten wird.

Zuerst ist da eine vage Vorstellung, die sich allmählich konkretisiert und schließlich, erst nach einiger Zeit, als klares Ziel oder Objekt vor dem inneren Auge steht. Erst wenn die eigene Vorstellung darüber gefestigt ist, entstehen daraus größere Visionen und konkrete Pläne. Erst wenn das eigene Gefüge und die eigene Vorstellung genügend gestärkt sind, geht man damit in die Außenwelt, um andere von dem neuen Projekt zu überzeugen, sie dafür zu begeistern und darauf einzuschwören. Würde man dies zu früh tun, wäre man selbst noch gar nicht stabil genug. Bereits ein paar abfällige oder abwertende Worte würden in diesem Stadium wahrscheinlich dazu führen, dass man das Projekt aufgibt.

Sind wir aber mit unserer Idee gewachsen und haben sich die neuen Pläne genügend gefestigt, dann ist das bereits so konkret, dass wir dafür wirklich eintreten können, trotz Gegenwind und Widersachern.

Reden wir jedoch zu früh über unsere Sehnsüchte und unsere Wünsche, verpufft zum einen die Energie durch das ständige Zerreden; zum anderen rufen wir ganz schnell Widersacher, Neider und Zweifler auf den Plan und hören manchmal mehr auf sie als auf uns selbst.

Alle großen Erfinder dieser Welt können diesen Vorgang bestätigen. Geheimhaltung ist nicht nur wegen der Gefahr des Ideenklaus so wichtig, sondern auch, damit man erst einmal genügend Selbstsicherheit entwickelt. Wer möchte sich schon mit Ideen lächerlich machen, die nicht verwirklicht werden? Beim nächsten Mal trauen wir dann unseren Ideen noch weniger, und irgendwann sind wir von unserer Minderwertigkeit so überzeugt, dass wir überhaupt keine eigenen neuen Ideen oder Konzepte mehr zulassen, sondern anfangen zu glauben, wir seien nicht fähig, unsere Ziele zu realisieren.

Sobald wir genügend Erfahrung gesammelt haben und so manche Ziele, Projekte und Wünsche in Erfüllung gegangen sind, können wir gerne andere davon in Kenntnis setzen. Denn jetzt sind wir gefestigt genug. Wir wissen um unsere Kraft der Gedanken. Für uns gibt es dann keine Zufälle mehr. Und unser Beispiel kann den anderen sogar Mut machen.

Eine Idee braucht Zeit zu reifen. Sie ist mit einem zarten Pflänzchen vergleichbar, das Sonne, Licht und Nahrung braucht, bevor es dem rauen Wind ausgesetzt wird. Gib deinen Ideen die Chance, zu reifen.

Affirmationen

* Ich lasse mir Zeit, um meine Ideen reifen zu lassen.

* In mir wachsen Stärke und Zuversicht, dass ich alle meine Ziele erreiche.

Aufgabe

* Beobachte bei Gesprächen mit deinen Freunden, wie groß deine Fähigkeit zur Zurückhaltung ist im Hinblick auf deine Zukunftspläne. Kannst du verschwiegen sein, wenn es um ein gut behütetes Geheimnis geht? Probier doch einmal die Kraft des Schweigens für dich aus.

40
Erhöhe deine Eigenschwingung

Jeder Mensch hat eine ganz persönliche Ausstrahlung. Diese Ausstrahlung hat sich im Laufe eines Lebens geformt und ist zum größten Teil durch die Summe all unserer bisher gemachten Erfahrungen entstanden. Die Ausstrahlung eines Menschen spüren wir sofort. Wie das Wort schon sagt: Wir strahlen etwas aus. Wir senden also – ob wir wollen oder nicht – Informationen aus. Nonverbal. Und andere Menschen können diese Informationen auffangen.

Du kennst das: Du bist auf einer Feier, und jemand Neues betritt den Raum. Sofort spürst du, ob er oder sie dir sympathisch ist oder nicht. Ob ihr »auf einer Wellenlänge« seid und ob »die Chemie stimmt« oder ob ihr euch nicht riechen könnt. Du weißt sofort Bescheid.

Auf diese Weise finden immer ähnlich denkende und fühlende Menschen zusammen. Wir glauben dann gerne an einen außergewöhnlichen Zufall. In Wahrheit sind es unsere Resonanzfelder, die miteinander harmonieren.

Diese Ausstrahlung kann man *Charisma* oder *Charakter* oder *Persönlichkeit* nennen. Oder unser *Resonanzfeld*. Der Begriff ist nebensächlich – wichtig ist, dass wir unsere Ausstrahlung verändern können. Wir können sie anheben.

Wollen wir etwas anderes erleben oder andere Menschen in unser Leben ziehen, sollten wir sogar unbedingt unsere »Sende-Frequenz« verändern. Das ist mit dem Verstellen eines Senders im Radio vergleichbar. Wir »drehen« ein bisschen an unserer eigenen Frequenz, und unsere Ausstrahlung – also unsere Wirkung auf andere – ändert sich.

Wie machen wir das? Wir können zum Beispiel unsere Schwingung erhöhen, indem wir an Schönes denken oder heilige Namen intonieren. Allein das Singen des heiligen Wortes »OM« oder das Wiederholen von positiven Affirmationen hebt unsere Schwingung in Bereiche, die wir bisher nicht kannten, und lässt auf der Ebene der äußeren Erscheinungswelt scheinbar Unerreichbares in unser Leben treten.

Positive Gedanken haben eine höhere Schwingung als negative. Positive Wünsche auszusenden ist wie ein Drehen am Sendeknopf. Wir werden wacher für die Dinge, die es bisher nicht in unserem Leben gab, die aber genauso im Angebot dort draußen herumschwirren. Solange man sich nicht auf die gewünschte Frequenz einstellt, kann man sie nicht wahrnehmen. Erst wenn wir unsere eigene Schwingung erhöhen, werden positive Erlebnisse in unser Leben treten und wir werden sie als Chancen erkennen. Erhöhe also deine Eigenfrequenz. Sei liebevoll, freundlich, höflich, hilfsbereit – gehe mit einem Lächeln durch die Welt, dann lächelt die Welt zurück. Öffne dein Herz und lass die Freude in dein Leben ein. Umgib dich mit schönen Dingen, die du liebst. Höre Musik, die dich in Harmonie bringt. Nutze alle Geschenke des Lebens. Sie können sich erst in ihrer Fülle entfalten, wenn du dich entscheidest, die Ebene, auf der du schwingst, zu erhöhen. Wie sagte schon Einstein: »Alles ist Energie, alles ist Schwingung.«

Affirmationen

❋ Ich strahle Harmonie und Liebe aus.

❋ Ich bin umgeben von Licht und Liebe.

Aufgabe

❋ Erhöhe heute bewusst deine Schwingung. Beobachte, was geschieht.

41

Finde heraus, wie du am besten deine Ziele materialisierst: loslassen – oder dich immer wieder damit beschäftigen

Es gibt grundsätzlich zwei verschiedene Arten, wie man mit seinem Wunsch umgeht, nachdem man sich mit ihm verbunden hat. Manche finden es gut, den Wunsch einfach zu vergessen. Sie lassen ihn mit dem tiefen Vertrauen los, dass er sich realisieren wird. Andere wiederum denken immer wieder an den Wunsch und wiederholen ihn täglich – und zwar so lange, bis er eingetroffen ist.

Beide Arten führen zum Ziel. Es gibt kein »Richtig« oder »Falsch« – wichtig ist das Ergebnis. Allerdings haben beide Methoden ihre Vor- und Nachteile.

Das Vergessen hat mehrere Vorteile. Zum einen zupfen wir nicht ständig am zarten Pflänzchen herum und werden ungeduldig beim Warten. Warten erzeugt oft Zweifel, weil wir uns zu fragen beginnen, warum die Erfüllung unseres Wunsches so lange ausbleibt.

Zum anderen zeigen wir beim Vergessen, wie sehr wir uns selbst und unserer mentalen Kraft vertrauen. Wir sind so sicher, dass das Gewünschte in unser Leben treten wird, dass wir uns nicht mehr damit beschäftigen. Wir sind offen und bereit, das Gewünschte anzunehmen, egal wie unsere Lage gerade sein mag. Auf diese Weise lassen wir uns zur richtigen Zeit zum richtigen Ort führen.

Bei mir persönlich funktioniert das Vergessen sehr gut. Allerdings – und hier kommt der entscheidende Punkt! – zweifle ich nicht eine einzige Sekunde daran, dass meine Ziele sich realisieren werden. Ich bleibe voller Vertrauen und bin stets in dem unerschütterlichen Glauben, dass das Beste für mich geschieht. Ich stehe im tiefen Urvertrauen zu mir selbst und der Verwirklichung meiner Ziele. Zweifel haben hier keinen Platz.

Das Loslassen funktioniert also durchaus, aber nur solange wie wir es schaffen, ohne jegliche Zweifel an unseren Wunsch zu glauben.
Ich habe aber festgestellt, dass die Sache mit dem Loslassen oder Vergessen bei vielen nicht so gut funktioniert, weil die meisten es zwar schaffen, den Wunsch wieder loszulassen, nicht aber ihre Zweifel. Und so haben sie plötzlich nur noch ihre Zweifel, und der Wunsch besitzt überhaupt keine Kraft mehr. Die meisten kommen daher mit der zweiten Variante wesentlich besser klar:

Beschäftige dich, sooft es geht,
mit deinen Zielen. Das ist die beste Möglichkeit,
Zweifel zu verscheuchen.

Zum Beispiel mit positiven Affirmationen, mit der Vorfreude, dem So-tun-als-ob, dem Hineinfühlen, dem Aufschreiben, dem Visualisieren und all den anderen Möglichkeiten, die uns dabei helfen, uns positiv auf unsere Ziele zu fokussieren. Tu dies beständig! Spätestens aber dann, wenn die Zweifel zunehmen.

Affirmationen

❀ Ich vertraue meiner Visionskraft.

❀ Ich bin verbunden mit meinem Ziel und vertraue auf seine Verwirklichung.

Aufgabe

❀ Probiere beide Varianten aus. Finde einfach heraus, welche Art dir am besten liegt.

42
Finde den passenden Wunsch für dich

Ziele, Sehnsüchte und Wünsche sind so vielfältig wie die Persönlichkeit jedes Einzelnen. Der eine möchte gerne tanzen lernen und hatte nie die Zeit dazu, der andere sucht wahre Freunde, weil er immer stärker den Mangel in seinem Leben empfindet, und ein Dritter sehnt sich nach dem idealen Partner.

Dabei ist kein Wunsch größer oder kleiner, wichtiger oder verwerflicher als ein anderer. Jeder Wunsch zeigt uns einfach den Mangel, den wir in gewissen Bereichen unseres Lebens spüren.

Dass wir unsere Ziele verwirklichen können, wissen wir inzwischen. Die Frage ist, ob durch das Erreichen unserer Ziele auch unser Mangel beseitigt wäre. Oder würde er sich sehr schnell an anderer Stelle wieder bemerkbar machen?

Dazu kommt noch, dass es wohl keinen Sinn macht, sich etwas zu wünschen, was überhaupt nicht dem eigenen Naturell entspricht. Trotzdem tun es die meisten von uns. Oft wünschen wir uns nur etwas, weil andere es sich wünschen oder es bereits besitzen. Oft hecheln wir einem Ideal nach, das überhaupt nicht das unsere ist. Aber nur weil andere etwas »toll« finden, muss es noch lange nicht für uns richtig sein. Und was machen wir, wenn das Ersehnte eintrifft? Wenn sich also Wünsche realisieren, die überhaupt nicht zu uns passen?

Was wir uns wünschen, ist schlichtweg Veränderung. Etwas gefällt uns nicht in unserem Leben, und wir wissen noch nicht, wie wir es ändern können. Meist wissen wir aber auch nicht, wie es sein wird, sobald sich der

Wunsch erfüllt hat. Wird unser Leben dadurch wirklich besser?

Bevor wir etwas visualisieren, sollten wir uns völlig klar darüber sein, was wir tatsächlich für unser Leben benötigen. Fühlen wir uns danach wirklich besser, angenommener, liebenswerter oder glücklicher?

Das Eintreffen von so manchem Wunsch kann uns nämlich auch gehörig unter Druck setzen. Der Traumjob kann uns völlig überfordern, der Kinderwunsch viel zu früh in Erfüllung gehen oder der ersehnte Wohnungswechsel uns Freunde verlieren lassen.

Jeder erfolgreiche Wunsch verändert auch unsere Lebensumstände. Deswegen sollten wir genau prüfen, ob wir zu dieser Veränderung und den möglichen Konsequenzen von Herzen bereit sind.

Wünsche, die in Erfüllung gehen, bringen uns nicht immer echtes Glück. Vielleicht geht unsere Sehnsucht in eine bestimmte Richtung, aber wir sind noch überhaupt nicht fähig, die neue Rolle auszufüllen?

Finde heraus, was deine wahren Sehnsüchte und Wünsche sind, damit sie dich glücklich machen.

Affirmationen

❋ Ich bin bereit, das passende Ziel für mich zu fokussieren.

❋ Ich öffne mich für die Veränderung.

Aufgaben

❋ Höre gut in dich hinein, um festzustellen, für welchen Wunsch du bereit bist. Stell ihn dir bildlich vor. Ebenso alle Konsequenzen.

❋ Schreibe dir ganz genau auf, welches Ziel für dich am einfachsten wäre – nimm die verschiedenen Stufen der Veränderung Schritt für Schritt. Dann wächst du in die Veränderungen hinein.

43
Behalte die Kontrolle über deine Ziele

Wenn Ziele nicht erreicht werden, hat das oftmals nur einen einzigen Grund: Es fehlt uns an Beständigkeit. Sehr oft passiert nämlich Folgendes: Zunächst wünschen wir uns etwas Bestimmtes. Wir sind dabei meist zielgerichtet, gut gelaunt und überzeugt, dass unser Wunsch eintrifft.

Ein paar Tage später aber, beeinflusst von Zweifeln, verändern wir die Zielrichtung etwas und geben ihr eine eher bremsende Orientierung oder drehen sogar komplett wieder um und glauben nicht mehr an die Erfüllung. Kurz darauf ergehen wir uns vielleicht in übersteigerten Fantasievorstellungen, um nur wenig später unseren Tagtraum zu belächeln. Nicht viel später schwören wir uns in eine neue Richtung ein, sind jedoch nicht sicher, dass dies auch noch morgen Bestand haben wird. Wir tapsen also vor und zurück.

Haben wir uns endlich wieder einmal für eine Richtung entschieden, gehen wir mit großen Schritten auf unser Ziel zu, doch bald darauf laufen wir erneut unsicher und orientierungslos durch die Gegend oder wandern gar zum Ausgangspunkt zurück.

Wir springen gedanklich hin und her und erhalten daher oft ein Wirrwarr. Wir wollen etwas erreichen, vergessen es wieder komplett, wollen etwas völlig Entgegengesetztes, geben unseren Zweifeln enormen Raum und wundern uns dann, warum das Ersehnte nicht eintrifft. Nicht selten verlassen wir unseren Weg, ohne es recht zu bemerken, und sind plötzlich wieder an unserem Ausgangspunkt. Nur dass wir diesmal, wenn wir erneut starten, bereits weniger Zutrauen in unsere Reise haben.

Ohne echten Plan irren wir oft von einem Ort zum anderen, ohne jemals anzukommen. Dabei strengen wir uns wirklich an, verbrauchen unglaublich viel Energie und wundern uns, dass wir trotz all des intensiven Krafteinsatzes nicht unser Ziel erreichen.

Dabei braucht es doch keine Kraft. Wir müssen uns nur konsequent und konstant auf unser Ziel konzentrieren, die damit einhergehenden Veränderungen anzunehmen und bis zum Erreichen des Zieles dabei zu bleiben.

Deine Überzeugungen entwerfen
deinen Lebensplan.

Irren jedoch unsere Gedanken unkontrolliert umher, tun wir es auch. Tapsen wir in unseren Gedanken und Worten vor und zurück, werden wir immer müder, ohne jemals von der Stelle zu kommen.
Wenn unsere selbst gesteckten Ziele nicht erreicht werden, ist es oft sehr hilfreich, sich ein Wunschbuch anzuschaffen und seine Wünsche wie auch seine Zweifel dort einzutragen und etwas genauer zu verfolgen. Denn: Erlebt man etwas, das man nicht haben will, hat man wahrscheinlich zu wenig Kontrolle über seine Ziele. Oft richtet man dann mehr Aufmerksamkeit auf die Dinge, die man nicht haben will.

Du bekommst immer das, worüber du nachdenkst. Natürlich willst du, dass sich dein Ziel realisiert. Das geht aber nicht, solange sich das Denken überwiegend mit dem Gegenteil davon beschäftigt.

Affirmationen

❁ Ich habe die Fähigkeit, meine Ziele zu erreichen.

❁ Ich bleibe konzentriert dabei und setze einen Schritt vor den anderen, bis ich mein Ziel erreicht habe.

Aufgabe

❁ Stell dir vor deinem geistigen Auge dein Ziel vor. Jetzt geh auf dein Ziel zu: Was spürst du? Was denkst du? Schreibe deine Empfindungen auf und werde dir bewusst, was das Ziel für dich bedeutet.

❁ Gehe deinen unbewussten Wünschen auf den Grund. Vergiss nicht: Deine Überzeugungen entwerfen deinen Lebensplan. Beobachte also deine Überzeugungen und deine Auffassung vom Leben. Erkenne, dass all deine Gedanken bereits deine Wünsche sind.

44

Nutze die Wechselwirkung zwischen Gedanken und Körper

Es gibt Wünsche, die scheinen schwerer zu verwirklichen zu sein als andere. Der Wunsch nach Gesundheit ist wohl so ein Ziel, dessen Visualisierung uns sehr oft schwerfällt. Vor allem wenn man ständig durch Husten, Kratzen im Hals, Schmerzen oder vielleicht sogar eine Behinderung an seine Krankheit erinnert wird.

Wie sollen wir da mit voller Überzeugung sagen können: »Ich bin gesund«? Schließlich sind wir krank. Die Krankheit ist nicht eingebildet, sondern ganz real. Sie behindert uns, tut vielleicht sogar sehr weh und lässt uns oft nicht am Leben teilnehmen.
Beim positiven Denken geht es jedenfalls nicht darum, sie zu leugnen. Es geht darum, durch unsere Denkweise unsere Selbstheilungskräfte anzuregen.

Durch unsere mentale Kraft ersetzen wir die Krankheit zuerst gedanklich mit strahlender Gesundheit und lassen diese Energie auf unseren Körper wirken, anstatt wie bisher unserem Körper beständig zu bestätigen, dass etwas mit ihm nicht stimmt.

Alle bisherigen Gedanken haben uns
dahin geführt, wo wir jetzt gerade sind.
Alle jetzigen Gedanken führen uns dorthin,
wo wir gerne sein wollen.

Denken wir jetzt: »Ich bin gesund«, leugnen wir nicht unsere Krankheit, sondern befehlen unserem Körper, alle Selbstheilungskräfte zu mobilisieren. Und zwar jetzt. Sich Gesundheit vorzustellen ist also ein Ziel, welches hauptsächlich auf uns selbst, auf unseren Körper wirken kann. Jeder einzelne Muskel, jedes einzelne Organ, jede einzelne Zelle kann diese mentalen »Befehle« und Informationen auffangen und danach handeln.

Wie wirkungsvoll unsere Gedankenkraft im Wechselspiel mit unserem Körper sein kann, zeigt sich zum Beispiel beim Autogenen Training. Durch reine Gedankenkraft befehlen wir unserem Körper, zu entspannen. Menschen, die sich mit Autogenem Training beschäftigt haben, können sogar allein durch ihre Gedankenkraft die Tätigkeit ihres Herzmuskels verlangsamen oder beschleunigen.

Es gibt eine starke Wechselwirkung
zwischen Geist und Körper.

Unser Körper agiert nicht, er reagiert. Er reagiert auf die kleinsten Nervenimpulse. Ein winziger Gedanke von uns veranlasst ihn, Muskeln anzuspannen und die schwersten Gewichte zu heben, ein Auto zu lenken, zu schwimmen oder über einen Graben zu springen. Ein einziger Gedanke bewirkt in unserem Körper ein unendlich kompliziertes Zusammenspiel von Muskeln, Sehnen und Gelenken, damit wir das tun können, was wir gedacht haben. Alle Höchstleistungen unseres Körpers beginnen letztendlich immer nur mittels eines winzigen Energieimpulses, ausgelöst durch unser Gehirn. Und genau mit dieser Gedankenkraft können wir uns auch wieder gesund denken. Selbst Ärzte machen sich inzwischen diese Kraft zunutze, und zwar mit Hilfe des berühmten *Placebo-Effektes*.

Dies alles können wir natürlich auch ohne den Aufwand eines Placebos. Wenn wir an die Kraft unserer Gedanken glauben – nichts anderes passiert beim Placebo-Effekt –, können wir unseren Körper dazu veranlassen, all seine Selbstheilungskräfte zu aktivieren. Dies ist eine wundervolle Möglichkeit, unseren Arzt oder Heilpraktiker zu unterstützen.

Affirmationen

❋ Ich bin und bleibe gesund.

❋ Ich erfreue mich strahlender Gesundheit – mein Körper ist in vollkommener Harmonie.

Aufgabe

❋ Beobachte deinen Körper. Gehe in einen inneren Dialog mit ihm und sende ihm bewusst positive Gedanken. Beobachte, wie dein Körpergefühl wächst und du viel empfänglicher für die Signale deines Körpers wirst.

45

Sprich nur Gutes über deinen Körper

Warum werden wir überhaupt krank? Destruktive Gedanken verursachen negative Gefühle. Negative Gefühle können auf unseren Körper einwirken und spiegeln sich dort wider. Wir lagern unsere negativen Gefühle also regelrecht in unseren Körper ein, bis er womöglich mit einer Krankheit reagiert.

Inzwischen geht die ärztliche Wissenschaft sogar davon aus, dass es wesentlich mehr psychosomatische Krankheiten gibt, als man bisher angenommen hat. Nachdem man jahrzehntelang bei vielen Krankheiten eine Wechselwirkung zwischen Psyche – also dem, was wir denken – und der jeweiligen Krankheit geleugnet hat, rudert man heute kräftig zurück und muss einsehen, dass unsere Gedanken mehr Einfluss auf unseren Körper haben, als man jemals vermutet hat.

Eben nicht nur die berühmten Magengeschwüre oder Herzbeschwerden, sondern eine unendliche Reihe von Krankheiten können ihren Ursprung in unseren Gedanken haben. Letztendlich kann jeder negative Gedanke unserem Körper schaden. Wut, Hass, Zorn, Eifersucht, Neid, Rache, Unversöhnlichkeit sind die Substanzen, die unseren Körper krank machen können. Welche Gedanken wir auch immer denken, sie können sich in unserem Körper niederschlagen.

Wenn man krank ist, sollte man folgende Fragen klären:
* Was denkst du über dich selbst?
* Magst du deinen Körper?
* Findest du dich toll? Oder verurteilst du dich insgeheim in Gedanken?

* Fühlst du dich minderwertig? Zu dick? Zu alt? Zu schwach?
* Findest du das Leben zu stressig? Fühlst du dich überfordert?
* Wächst dir vieles über dem Kopf?
* Fühlst du dich ungeliebt?

Alle negativen Gedanken über uns selbst verletzen uns und können unseren Körper schädigen. Wir »basteln« durch diese Gedanken an unserer Erkrankung herum. Tritt sie dann ein, sind wir meist ganz erstaunt. Alle Ängste, Sorgen und Zweifel, alles Belastende, alles was uns innerlich aufwühlt und unruhig werden lässt, kann das Gleichgewicht unseres Körpers stören.

Und was sagen wir unserem Körper den ganzen Tag? Wir sagen unserem Körper ziemlich klar, dass wir ihn nicht für attraktiv, sexy, verführerisch, weiblich oder männlich genug halten. Wir schämen uns für unseren Körper. Wir verurteilen ihn und lehnen ihn ab. Wir glauben, nicht klug genug zu sein, nicht schnell genug etc. Wir verurteilen uns immer und immer wieder für etwas, das weit zurückliegt.

All diese Dinge können sich mit der Zeit in unserem Körper ablagern. Energie folgt immer der Aufmerksamkeit. Das bedeutet, worauf wir unser Augenmerk richten, das vermehrt sich, weil wir ihm Energie zuführen.

Immer wieder werde ich gefragt, wie man denn diesen Blickwinkel auf sich selbst verändern könne, wenn man doch täglich die erschreckende Wahrheit im Spiegel betrachten muss.

Eigentlich ist es einfach: Was wir im Spiegel sehen, ist das Resultat unserer bisherigen Gedanken. Wenn wir uns dies bewusst machen, gewinnen wir schon einmal genügend Vertrauen, unsere negative Denkweise genauer zu beobachten.

Unterstütze dich daher selbst mit positiven Gedanken. Dann werden alle selbstzerstörerischen Befehle, die bisher an deinen Körper gerichtet wurden, nachlassen. Falsche Denkmuster der Vergangenheit können sich auflösen und durch eine positive Meinung ersetzt werden.

Auf diese Weise können wir unsere Selbstheilungskräfte aktivieren, um so schnell wie möglich wieder gesund zu werden.

Affirmationen

❋ Ich liebe meinen Körper.

❋ Ich vertraue auf meine Selbstheilungskräfte.

Aufgabe

❋ Beobachte deine Gedanken und achte darauf, dass du hauptsächlich Gutes über dich sagst und denkst. Bleib konsequent dabei, bis du nur noch positiv über dich denkst.

Ich lebe den Alltag voller Harmonie und positiver Kraft.

46

Beschäftige dich mit dem wundervollen Zustand von Gesundheit

Natürlich wollen wir gesund sein. Und natürlich wollen wir auch gesund bleiben. Jeder Mensch will das. Wenn wir aber ständig körperlich gegen unsere eigentliche Absicht arbeiten, werden wir wohl wenig Erfolg damit haben. Das ist so, als würden wir uns einen Partner wünschen, aber unsere Wohnungstüre verriegeln und uns weigern, jemanden kennenzulernen. Krankheiten haben immer einen Ursprung. Und genau den gilt es zunächst zu entdecken, bevor die Gesundung einsetzen kann. Sehr oft ist es so, dass wir völlig unbewusst – und manchmal sogar ganz bewusst – gezielt auf eine Krankheit hinarbeiten.

»Warum sollten wir so etwas Törichtes tun?«, wirst du fragen. Nun, wir behandeln unseren Körper die meiste Zeit sehr schlecht und achtlos. Wir lassen ihn Arbeiten verrichten, die ihm nicht guttun. Wir zwingen ihn zum Beispiel, für endlos lange unbeweglich auf einem Stuhl zu sitzen, und befehlen unseren Augen, stundenlang auf einen Monitor zu starren. Als »Dank« für seine Ausdauer bewegen wir ihn viel zu wenig und führen ihm auch noch ungesunde Nahrung zu.

Trotzdem arbeitet der Körper für uns. Jeden Tag, jede Minute, jede Sekunde. Er arbeitet sogar, während wir schlafen. Selbst dann versorgt er alle Organe, lässt das Blut zirkulieren und überwacht die nötige Atmung. Ständig versucht er, alle Defizite in der Ernährung auszugleichen, und speichert das Unnötige in eigenen Depots. Er ist unermüdlich dabei, all die Giftstoffe wieder aus dem Körper zu transportieren, aber nicht immer wird er damit fertig, weil bereits neue belastende Stoffe zugeführt werden. Vieler Dinge, die wir unserem Körper zumuten und die ihm mit der Zeit einfach zu viel werden, sind wir uns gar nicht bewusst.

Natürlich können wir uns nun Gesundheit wünschen. Vielleicht wird unsere ausformulierte Absicht lauten: »Ich bin gesund.« Aber was hilft mir die positive Absicht, wenn ich unbewusst weiter an der Entstehung oder Verbreitung einer Krankheit in meinem Körper arbeite?
Sich Gesundheit zu visualisieren ist das *eine;* sich dem dafür Notwendigen zu beugen, ist aber ebenso unerlässlich. Krankheiten abzustellen beginnt stets mit dem wichtigsten Schritt, und der liegt in einem selbst und den eigenen Verhaltensweisen. Sich Gesundheit zu wünschen ersetzt auch nicht den Arztbesuch, sondern es unterstützt nur alle Möglichkeiten, die sich uns bieten, um wieder gesund zu werden.

Unser Wunsch nach Gesundheit sollte stets begleitet sein von dem folgenden Befehlssatz an unser Unterbewusstsein: »Ich bekomme genügend Hinweise, damit ich die Ursache meiner Krankheit verstehe.«
Erst wenn wir verstehen lernen, durch welche Handlungsweisen oder Gedankenwelten unsere Krankheit womöglich entstanden ist, können wir gegensteuern.

Wenn wir uns mit Gesundheit beschäftigen, ist dies übrigens keine Absicht, die wir nur einmal aussprechen und dann vergessen, sondern ein Ziel, mit dem wir uns dauerhaft beschäftigen sollten. Visualisieren wir Gesundheit, sollten wir uns beständig mit dem Bild von unserem gesunden Selbst befassen.
Fühle dich regelrecht in die optimale Situation hinein. Wir spüren die Wirksamkeit unserer Gedanken und Worte und können laut neuesten Erkenntnissen der Hirnforschung so einen neuen Bauplan für unseren Körper errichten.

Affirmationen

* Ich bin vollkommen gesund.

* Gesundheit ist mein natürlicher Zustand.

Aufgabe

* Visualisiere, wie es ist, wenn du bereits gesund wärst. Was immer dir Freude bereiten würde, solltest du dir in den buntesten Farben ausmalen. Dies beschleunigt die Selbstheilungskräfte enorm, weil wir uns in Resonanz mit dem gesunden Ereignis bringen.

47

Nutze die Heilkraft der Klänge

Das Wissen über Resonanzen und deren Wirkung ist bereits uralt. Schon die alten Ägypter, Plato und Pythagoras wussten um die Wirkungsweise von Klängen. Pythagoras lehrte, dass Töne und Musik rhythmischen Abfolgen unterliegen und diese Schwingungen einen besonderen Einfluss auf die Gesunderhaltung von Mensch und Tier haben. Er sprach von »Sphärenmusik« und entwickelte seine Harmonielehre, welche die Wechselwirkung zwischen unserer Welt und den Gestirnen in Beziehung zu unserem Körper beschreibt.

So ist es nicht verwunderlich, dass sich auch die heutige Wissenschaft sehr intensiv darum bemüht, der Wirkung von Klang und Schwingung auf unsere Dreieinigkeit von Körper-Seele-Geist auf die Spur zu kommen.

Der Naturwissenschaftler und Arzt Hans Jenny hat zum Beispiel nachgewiesen, dass jede einzelne Zelle ihre ganz eigene Frequenz und ihre eigene Schwingung besitzt.

Die Eigenfrequenz oder Schwingung jeder einzelnen Zelle lässt sich durch die Qualität von Klängen verändern. Sie steht in Abhängigkeit oder in Resonanz mit den jeweiligen Klängen. Da kann man sich schnell ausmalen, wie unser gesamtes System auf Musik reagiert. Hören wir wundervolle, erhebende Musik, kann jede einzelne Zelle in unserem Körper zu strahlender Schönheit erblühen.

Je harmonischer und reiner die Musik ist,
die wir uns anhören, desto mehr treten wir selber
in Resonanz mit Schönheit und Anmut.

Dieses universelle Harmoniegesetz leitet sich aus der Obertonreihe ab. Obertöne haben eine bestimmte Folge von Tonintervallen. Immer dann, wenn eine harmonische Schwingung auftritt, entstehen solche Obertöne. Der Oktavton zum Beispiel ist der erste Oberton und zugleich der energiereichste. Die Quinte ist der zweite Oberton. Dieses Intervall wird meistens in der sogenannten sakralen Musik angewendet. Der dabei entstehende Klang steht für die universelle Harmonie. Die moderne Wissenschaft hat nun herausgefunden, dass es gerade die Obertöne sind, die dem Menschen helfen, sich auf perfekte Weise auf ein gesundes, heilendes Frequenzmuster einzuschwingen.

Genau genommen ist der menschliche Körper vergleichbar mit einem Musikinstrument. Auch wir besitzen einen Klangkörper, der sich auf die jeweilige Frequenz einstimmt und dementsprechend seine Form oder sein Muster verändert.

Wir können uns recht schnell harmonisieren, wenn wir eine für uns angenehme Musik hören oder den entsprechenden Klanginstrumenten auschen.

Klangschalen gehören zu den Instrumenten, die rasch die Harmonisierung unseres gesamten Körpers und unserer Seele bewirken. Ebenso können einfache Stimmgabeln gezielt zu unserer Entspannung eingesetzt werden. Man hat herausgefunden, dass Stimmgabeln mit unterschiedlichen Frequenzen die craniosacrale Flüssigkeit wieder in Fluss bringen können. Das ist die Flüssigkeit, die mit unserem Nervensystem direkt in Verbindung steht. Das Wunderbare an einer Stimmgabel ist, dass sie über das Unbewusste wirkt. Wir müssen nicht darüber nachdenken, wir müssen nichts verstehen oder reflektieren, sondern allein der Klang kann unser gesamtes Resonanzfeld reorganisieren. Wir kommen wieder in Harmonie mit uns selbst.

Es gibt nichts Tiefgreifenderes, und nichts berührt uns so sehr, wie wenn wir in Verbindung mit einer harmonischen Resonanz treten.

Affirmationen

❁ Ich bin in vollkommener Harmonie mit mir selbst.

❁ Ich bin in Resonanz mit der Liebe.

Aufgabe

❁ Vielleicht hast du Lust, dir eine Stimmgabel oder eine Klangschale zu besorgen. Probier es aus – vor allem, wenn du müde oder abgespannt bist, wütend oder aus dem Gleichgewicht. Schlage eine Stimmgabel an, lausche dem Ton und warte, was geschieht.

48

Komme in Kontakt mit dir selbst

In unserer Welt wird immer nur das stattfinden, was wir selber sind. Da sich alles in unserem Leben nach unseren Überzeugungen und Meinungen entwickelt, würden wir auch gar nichts anderes zulassen.

Daher ist es sehr ratsam, herauszufinden, wer man wirklich ist. Denn wenn wir nicht in Kontakt mit unserem wahren Wesen sind, sind wir auch nicht in Kontakt mit unseren wahren Gefühlen, Sehnsüchten und ... Wünschen! Dann werden unsere Sehnsüchte sehr häufig von Ersatzbefriedigungen absorbiert. Gerade weil uns unsere Sehnsüchte nicht bewusst sind oder wir sie nicht voll und ganz akzeptieren, können sie sehr leicht manipuliert werden.

Sobald wir uns jedoch wieder in Kontakt mit unseren wahren Gefühlen befinden, ist es für uns ein Leichtes, zu erkennen, welche Dinge und Menschen unser Leben dauerhaft bereichern werden. Wir fallen nicht mehr auf alle Täuschungen herein, wir nehmen sie sogar zum größten Teil nicht einmal mehr wahr. Unser Bewusstsein filtert die Scheinangebote aus unserer Wahrnehmung komplett aus. Wir wissen zwar nach wie vor, dass dies alles um uns herum stattfindet, aber wir fühlen uns davon nicht mehr angezogen.

Wie kommen wir nun in Kontakt mit uns selbst? Gehe folgenden Fragen nach:

* Was brauchst du, um glücklich zu sein?
* Ohne was kannst du nicht leben?
* Was magst du an dir?
* Was darf niemand von dir wissen? Was musst du verheimlichen?

- Was verheimlichst du sogar vor dir? Wofür schämst du dich?
- Für was verurteilst du dich?
- Welche Qualitäten traust du dich nicht auszuleben?

Alle deine Antworten zeigen deine Ängste. Und natürlich auch deine wahren Sehnsüchte. Je mehr du deine Sehnsüchte sowie deine Ängste ablehnst, desto weiter entfernst du dich von dir. Je mehr du zu ihnen stehst und dich zu ihnen bekennst, desto authentischer wirst du.

Steh zu dir – mit allen Facetten deines Seins. Wir alle haben unsere Schattenseiten. Aber wer bewertet sie als Schatten? Vielleicht ist gerade dort unser Licht zu finden. Womöglich verbirgt sich gerade dahinter unsere Kreativität oder unsere Form des Überlebens.

Du bist wundervoll. Du bist einmalig. Ja, du hast auf deiner Lebensreise auch Ballast mitgenommen. Liebe dich für deinen Ballast. Liebe dich für deine Umwege. Das bist du. Das macht dich aus. Das macht dich zu einem Menschen – einem wundervollen Menschen. Wärst du perfekt, dann wärst du bereits erleuchtet und schon lange nicht mehr hier. Und ganz ehrlich, wer ist schon an einem perfekten Menschen interessiert? Perfekte Menschen treiben andere nur in Minderwertigkeitsgefühle.

Je mehr du zu deinen Schattenseiten stehst, je eher du sie annimmst, desto vollkommener wird sich das Gefühl von Glück einstellen.

Wenn du zu dir stehen kannst,
so wie du wirklich bist,
bist du bei dir angekommen.

Sei einfach du selbst. Es gibt kein größeres Geschenk. Steh zu allen Ebenen deines Seins. Dann wirst du auch deine ganz eigenen wahren Sehnsüchte entdecken.

Affirmationen

❀ Ich bin in Ordnung so, wie ich wirklich bin.

❀ Ich liebe alle Seiten an mir.

Aufgabe

❀ Begrüße dich jeden Morgen mit einen Lächeln und sage dir, wie sehr du dich liebst und auf allen Ebenen akzeptierst.

49

Verändere deine Sichtweise der Vergangenheit

Wie wir alle wissen, gibt es keine absolute Wahrheit. Es gibt nur eine subjektive Wahrheit. Jeder von uns wird demnach das gleiche Erlebnis vollkommen anders in seiner Erinnerung haben. Napoleon Bonaparte sagte einmal: »Geschichte ist die Lüge, auf die die meisten Menschen sich geeinigt haben.« So beruht auch unsere Erinnerung auf einer subjektiven Wahrnehmung der Vergangenheit, auf die wir uns – mit uns selbst – geeinigt haben. Sie muss nicht der tatsächlichen Wahrheit entsprechen.

Wer Tagebuch schreibt, kann diese Erfahrung nachempfinden, denn selbst die Erinnerung an ein Ereignis verändert sich, wenn man es aufschreibt.
Die Erinnerung verändert sich auch, wenn wir ein Erlebnis des Öfteren erzählen. Wir fügen Sätze hinzu, die wir angeblich gesagt haben, flechten kluge Argumente oder Handlungen ein und werden immer mehr zu kleinen Helden. Oder wir malen das Negative, das uns passiert ist, in noch drastischeren Farben aus.

Unbewusst verändern wir also tagtäglich unsere Vergangenheit – unsere eigene, persönliche Geschichte –, denn mit der Zeit fangen wir an, unsere Version der Geschichte zu glauben.
Mit dieser gewandelten Form der Erinnerung identifizieren wir uns heute. Wir lassen sie zu unserer Wahrheit werden. Dieses – durchaus menschliche – Verhalten ist nun sehr wesentlich für unsere Zukunft. Denn durch das jeweilige subjektive Betrachten unserer Vergangenheit erschaffen wir gleichzeitig Neues – nämlich den Menschen, den wir in uns sehen und mit dem wir uns identifizieren.

Je nachdem, wie wir das Vergangene beurteilen
und bewerten, bewerten wir uns auch heute.

Diesen schöpferischen Prozess könnten wir natürlich bewusst einsetzen, indem wir Vergangenes neu abspielen lassen. Oder anders gesagt, indem wir es in Gedanken transformieren.

Wir könnten uns bewusst allein auf die Stärken der damals erlebten Situationen zurückbesinnen: Was haben wir daraus gelernt? Wie stark sind wir daraus hervorgegangen? Zu welchen weiteren Schritten hat uns dies geleitet? Könnten wir heute dieses Leben führen, wenn damals alles anders verlaufen wäre? Würden wir heute dieses Durchhaltevermögen besitzen? Wie stark sind wir durch Krisen geworden?

Wenn wir die Stärken unserer Vergangenheit betrachten und nicht an alten Verletzungen hängen bleiben, können wir das Potenzial nutzen, das sich für uns daraus entwickelt hat. Erst dann verwandeln wir unsere Geschichte, unsere Vergangenheit, in eine kleine Erfolgsstory.

Affirmationen

* Ich erkenne, welche Fähigkeiten ich aus meiner Vergangenheit entwickelt habe.

* Ich betrachte meine Stärken, die ich durch die Bewältigung der Krisen bewiesen habe.

Aufgabe

* Schreibe deine eigene kleine, wundervolle Erfolgsstory deines Lebens. Du hast so manches Unmögliche geleistet, hast es geschafft, immer wieder aufzustehen und Größe zu beweisen. Du hast Hürden überwunden, Probleme bewältigt. Vervollständige deine Erfolgsgeschichte, sooft dir etwas einfällt. Beschäftige dich damit.

Ich bin glücklich
und erfolgreich.

50

Jede Information hinterlässt einen Eindruck in unserer gesamten Zellstruktur

Wie wir gehört haben, ist es besonders hilfreich, sich vor allem abends auf seine Ziele zu fokussieren. Kurz vor dem Schlafgehen bauen wir alle Informationen besonders intensiv in unser Gedächtnis ein.

Was aber tun wir meistens abends vor dem Schlafgehen? Wir schauen Nachrichten an.

Nachrichten sind nichts anderes als eine Ansammlung von negativen Mitteilungen. Wir erfahren von Arbeitslosigkeit, Hochwasser- und Klimakatastrophen, Energiekrisen, Bankenzusammenbrüchen, Terroranschlägen und der Möglichkeit, schon bald selbst Ziel solcher Anschläge zu sein. Dabei ist dies nur eine kleine Auswahl an Schreckensszenarien, mit denen wir Abend für Abend von den Nachrichten ins Bett geschickt werden. Nachdem man uns die schlimmsten Ereignisse anhand der grausamsten Bilder, die man in der ganzen Welt für uns sammeln konnte, nahegebracht hat, lächelt der Nachrichtensprecher uns an und wünscht uns eine gute Nacht. Wie soll so eine gute Nacht denn aussehen?

Nachrichten und Zeitungen sind die besten Informationsträger, um Ängste zu schüren und zu verstärken. Durch sie verbleiben wir in ständiger Schutzhaltung. Unser Körper ist damit völlig überfordert. Wir fühlen uns immer schwächer und kraftloser und sehen schon bald keine Perspektiven mehr.

Sind wir mit unseren Gedanken in unserer Angstenergie gefangen, ziehen wir weitere Erfahrungen in unser Leben, die unsere Ängste bestätigen. Wir erinnern uns: Gleiches zieht Gleiches an.

Wir kreieren durch unsere Ängste geradezu das,
wovor wir uns fürchten.

Und es ist gar nicht so leicht, aus diesem Kreislauf auszusteigen, denn die Aktivierung von Stresshormonen schränkt auch das klare Denken ein.

Alle Informationen und Gedanken zur Lösung von Problemen werden im Vorderhirn umgesetzt. Dort ist der Sitz der Vernunft und Logik. Die reflexhafte Aktivität hat ihren Platz im Hinterhirn. Damit die Stresshormone im Notfall sehr schnell arbeiten und reagieren können, verengen sie die Blutgefäße im Vorderhirn. Wir können nicht mehr klar denken. Darüber hinaus unterdrücken sie das Zentrum des willentlichen Handelns. Diese Aktivität findet in der vorderen Großhirnrinde statt. Das heißt: Unter Stress haben wir nur noch eine verminderte Intelligenz und eine verminderte bewusste Wahrnehmung zur Verfügung. Unter Stress können wir nicht mehr klar denken und bewusste Entscheidungen treffen. Es fällt uns viel schwerer, aus unserer Angstenergie auszusteigen und ein positives Resonanzfeld aufzubauen.

Wie kommt man aus diesem Kreislauf heraus? Ganz einfach, indem man aussteigt. Schenke dir selber eine gute Nacht. Dein Leben liegt in deiner Hand. Und nur dort gehört es auch hin.
Um dir selbst vor Augen zu führen, wie völlig anders dein Leben verlaufen könnte, solltest du dir und deinem Körper einmal eine Woche lang den Einfluss von förderlichen Energien gönnen. Alle Einflüsse, die du dir selbst gewährst, beeinflussen dein Resonanzsystem, wecken also verschiedene Emotionen und Gefühle. Hörst du wohlklingende Musik oder liest du erbauende Bücher, wird dein Gemüt friedlicher, leichter, heiterer und ruhiger werden.

Affirmationen

✺ Ich lebe den Alltag voller Harmonie und positiver Kraft.

✺ Was wichtig für mich ist, erfahre ich. Alles andere überlasse ich den anderen.

Aufgabe

✺ Probiere aus, wie es sich anfühlt, ohne Nachrichten ins Bett zu gehen und Zeit zu haben, deine eigene, positive Energie zu finden. Lass es dir gut gehen. Lies nur aufbauende Literatur. Betrachte nur Mut machende Filme. Höre nur erhebende Musik. Triff dich nur mit Menschen, die du gerne magst.

51

Befasse dich mit Biografien erfolgreicher Menschen

Italienische Neurologen der Universität Parma um Prof. Giacomo Rizzolatti entdeckten ein erstaunliches Phänomen: Vollführen wir etwas, das wir beobachten, hören oder lesen, im Geiste mit, dann steht uns dieses »Wissen« später als eigene Erinnerung zur Verfügung. Diese – durch reine Beobachtung – gespeicherten Erinnerungen ermöglichen es uns, später tatsächlich ähnliche Dinge auszuführen, obwohl wir sie gar nicht trainiert, einstudiert oder selbst erfahren haben.

Verantwortlich für diese erstaunliche Tatsache sind die *Spiegelneuronen*. Sie werden zum einen dann aktiviert, wenn wir selber bestimmte Handlungen ausführen, zum Beispiel wenn wir auf einem Seil balancieren oder etwas anderes Ungewohntes tun. Sie werden aber ebenso aktiviert, wenn wir nur zusehen, zuhören oder lesen, wie jemand auf einem Seil balanciert oder etwas anderes Ungewohntes tut. Die Spiegelneuronen verleihen uns die Fähigkeit, eine Tätigkeit innerlich nachzuvollziehen, wenn wir sie bei anderen beobachten.

> *Unser Gehirn speichert Erinnerungen*
> *an bestimmte Erfahrungen, auch wenn wir*
> *sie selbst gar nicht erlebt haben.*

Vielleicht erinnerst du dich noch an das Gefühl, als du von anderen Menschen erfahren hast, die es aus dem Nichts heraus zu Reichtum oder Ansehen gebracht haben. Vielleicht hast du dich damals für einige Zeit sehr ermutigt und motiviert gefühlt und geglaubt, dass du das auch schaffen könntest.

Hierfür sind die Spiegelneuronen verantwortlich: Sie speichern auch die Erfahrungen eines anderen Menschen, von dem du hörst oder liest und den du sehr bewunderst, als deine eigenen Erfahrungen. Man hat Folgendes herausgefunden: Je mehr man sich mit jemandem identifiziert und je ähnlicher das gemeinsame Sehnen ist, desto intensiver ist die gespeicherte Erfahrung.

Wir bekommen dadurch plötzlich neue Lösungsmöglichkeiten geboten, die wir vorher nicht zur Verfügung hatten. Vorbilder wie Gandhi, Buddha, Jesus, Martin Luther King, Mutter Theresa, Nelson Mandela oder andere richtungsweisende Persönlichkeiten waren und sind so wichtig für unsere Entwicklung, weil sie unser Bewusstsein inspirieren und uns in eine neue Richtung lenken. Genauso verhält es sich, wenn wir erfolgreiche Wunschgeschichten von anderen Menschen lesen oder hören. Unsere Spiegelneuronen helfen uns dabei, innerlich nachzuahmen, was wir sehen oder hören, bis es auch für uns zur Realität wird. Erfolgsgeschichten heben uns über unsere eigenen Begrenzungen hinaus. Wir wissen, dass wir dasselbe vollbringen können.

Unsere Spiegelneuronen werden bereits aktiv,
wenn wir uns gedanklich damit befassen,
wie andere scheinbar
Unmögliches geschafft haben.

Je mehr wir über erfolgreiche Menschen lesen, desto mehr eigene Erinnerungen speichern wir in unserem Gehirn. Unser Erfahrungsschatz erweitert sich, als hätten wir selbst diese Erfahrung gemacht. Erfolgsgeschichten ermutigen und befähigen uns zu ähnlichen Höhenflügen, die bis zu diesem Zeitpunkt für uns als unmöglich galten.

Affirmationen

❋ Ich bin offen für andere Erfahrungen als meine bisherigen.

❋ Ich respektiere die Erfahrungen anderer Menschen und öffne mich für die Möglichkeit, selbst zu einer starken Persönlichkeit zu reifen.

Aufgabe

❋ Was immer du gerne erreichen möchtest: Bring in Erfahrung, wie andere es erreicht haben. Lies es, sieh es dir an, analysiere es, mach dir deren Erfahrung zu eigen. Beschäftige dich mit dem Leben erfolgreicher Menschen. Lies Biografien oder sieh dir Filme an, die solche Lebenswege beschreiben. Befasse dich mit Geschichten von Menschen, die es aus Geldnöten zu finanzieller Freiheit geschafft haben.

52
Gehe dorthin, wo sich für andere deine Wünsche bereits realisiert haben

Wie schnell sich unser eigener Horizont verändern kann, haben wir alle schon erlebt. Wenn wir zum Beispiel aus dem Urlaub zurückkommen, haben wir oft vollkommen neue Ideen, Vorstellungen und Erkenntnisse gesammelt, die wir gerne anpacken wollen. Anfangs haben wir auch noch ganz viel Mut und Tatendrang, der jedoch meist innerhalb kurzer Zeit völlig erlahmt.

Im Urlaub haben wir nichts anderes getan, als unser Resonanzfeld zu verändern – wenn auch unbewusst. Aber bereits nach kurzer Zeit lassen wir uns wieder einfangen von den alten Schwingungen, die uns im gewohnten Umfeld zu Hause begegnen. Manchmal träumen wir noch ab und zu vom Urlaub und von unseren Vorhaben, die sich leider nicht erfüllt haben. Manchmal sind wir sogar deprimiert, weil wir nicht genügend Ausdauer besessen haben. Aber anstatt uns entmutigen zu lassen, sollten wir dies eher als Motivation nehmen, als Beweis, wie leicht auch wir unser Resonanzfeld verändern können, wenn wir uns nur an die richtigen Orte begeben.

Um das Geschenk der Spiegelneuronen optimal einzusetzen und gleichzeitig die förderlichsten Resonanzfelder für dich arbeiten zu lassen, ist es am wirkungsvollsten, wenn du dich in die Nähe von Orten begibst, die deinem angestrebten Ziel entsprechen.

Möchtest du wohlhabender sein, umgib dich mit Menschen, die es bereits zu einem gewissen Wohlstand gebracht haben. Möchtest du gerne eine glückliche, dauerhafte Partnerschaft haben, suche die Nähe von Paaren, die bereits harmonisch und zufrieden zusammenleben. Möchtest du gerne einen bestimmten Beruf ausüben, umgib dich mit Menschen, die in diesem Beruf tätig sind.

Nicht nur, dass dadurch deine eigene Schwingungsfrequenz in die angestrebte Richtung erhöht wird und du über deine Spiegelneuronen neue, unbekannte Erfahrungen erhältst – du wirst auch Menschen kennenlernen, die dich in der Erreichbarkeit deiner Ziele bestärken, also Menschen, die wissen, dass auch du dir deine Sehnsucht erfüllen kannst.

Kaum etwas ist motivierender als der Erfolg anderer. Was andere geschafft haben, können wir auch erreichen! Vor allem werden all die anderen, die es bereits geschafft haben, unsere Sehnsucht verstehen – schließlich hatten sie sie auch einmal. Und sie werden uns unterstützen, uns fördern und – ganz wichtig! – an unser Potenzial glauben.

Was immer sich also in deinem Leben realisieren soll: Gehe dorthin, wo es sich bereits für andere realisiert hat. Von diesem Zeitpunkt an ist die Vorfreude nicht mehr nur rein visueller Art, sondern du spürst sie bereits physisch.

Wenn du es nicht schaffst, den gedanklichen Kreisel deiner Ängste und Sorgen zu verlassen, dann verlass einfach für kurze Zeit physisch den Ort, der dich in dieser Atmosphäre hält.

Wichtig ist, physischen Kontakt mit deinen künftigen Zielen zu machen. Dabei spielt es keine Rolle, wie ungewohnt es sich zunächst anfühlen mag: Probiere Brautkleider an, wenn du gerne heiraten würdest; mache Probefahrten mit dem Auto, mit dem du liebäugelst, auch wenn du es dir noch nicht leisten kannst; besichtige Wohnungen, in denen du gerne wohnen möchtest; lass dich im Reisebüro ausgiebig beraten und besuche

Foren im Internet, wo die Energie deines Wunsches zu finden ist. Lass deine Wünsche zu einer körperlichen Erfahrung werden.

Affirmationen

❀ Ich bin emotional verbunden mit meinem Ziel.

❀ Mein Gefühl, meine Gedanken und meine Handlungen sind erfüllt von Begeisterung für mein Vorhaben.

Aufgabe

❀ Überlege dir, welchen Wunsch du als Nächstes gerne realisieren möchtest und welche Orte du aufsuchen solltest, um dich inspirieren zu lassen. Mache körperlichen und emotionalen Kontakt mit deinen Wünschen.

53

Transformiere deine Selbstwahrnehmung

Die meisten von uns haben sich angewöhnt, nicht sonderlich nett mit sich selbst umzugehen. Wir sagen Dinge über uns selbst, die wir niemand anderem jemals zugestehen würden. Wir finden die größten Beleidigungen für uns und sagen sie in Gedanken oder nicht selten sogar laut. Genau das sind unsere alltäglichen, ständig wirkenden – mit starken Emotionen unterlegten – Überzeugungen! Erinnern wir uns: Wenn wir anhaltend negativ über uns denken, bauen sich die zuständigen Areale in unserem Gehirn um, und es werden andere Hormone und Neurotransmitter an unseren Körper gesendet, und zwar solche, die unsere Gefühle, unsere Überzeugungen und unsere Wahrnehmung so formen, wie wir über uns denken.

Immer wieder werde ich nun gefragt, wie man diesen störenden inneren Dialog verändern könne. Dies ganz einfach:

Zuerst machen wir uns bewusst, was wir beständig über uns selbst sagen und denken, dann bauen wir ein mentales Stoppschild ein, und im nächsten Schritt (in der nächsten Regel) ersetzen wir alle negativen Selbstsuggestionen durch positive Affirmationen. Wir lenken also zuerst unsere Aufmerksamkeit auf all unsere Äußerungen, die wir täglich an uns richten. Notiere dir dazu jeden Gedanken und jede Äußerung über dich in einem Büchlein.

Natürlich hat auch all das, was wir gerne als Witz oder in Sarkasmus verpacken, eine Wirkung. Der Verstand kann nicht abstrahieren. Er kenn keinen Unterschied zwischen Witz und Ernst. Bei Witzen versteht der Verstand Folgendes: Du hast einen galanten Weg gefunden, um mit all den scheinbaren Mängeln umzugehen. Bevor man es dir vorwerfen kann, wirfst du es dir selber in einem Witz verpackt vor. Deine Überzeugung ist dabei für deinen Verstand ziemlich deutlich.

Nun beenden wir diese selbstzerstörerische Angewohnheit: Sobald dir so ein niederschmetternder Gedanke bewusst wird, lass ihn augenblicklich wieder los und gib ihm keine weitere Kraft. Auch wenn du glaubst, dieses vernichtende Urteil entspreche der Wahrheit, verfolge es nicht weiter. Bewerte nicht, ob es richtig oder falsch ist. Stattdessen hältst du immer dann, wenn du entdeckst, dass du so einen Satz denkst, einfach kurz inne. Eins tust du auf gar keinen Fall: dich darüber ärgern!

Der Verstand lernt unglaublich schnell. Nach kurzer Zeit wirst du bereits lange bevor sich so ein negativer Satz entwickelt und sich in deinem Mund formt, zu schmunzeln beginnen und diesen Gedanken gar nicht weiterdenken. Er wird dir merkwürdig und fremd vorkommen und du wirst ihn nicht mehr aussprechen wollen. Warum auch, jetzt, wo dir aufgefallen ist, wie albern es ist, über dich selbst schlecht zu denken und deine Zukunft in diese Richtung zu formen?

Affirmationen

* Sooft ich negativ über mich denke oder dies äußere, wird es mir bewusst, und mir wird klar, dass dies nur Gedanken sind.

* In diesem Moment ändert sich mein Leben, denn in diesem Moment ändern sich meine Gedanken über mich selbst.

Aufgabe

* Schreibe alle Sätze auf, die du über dich selbst denkst. Sobald du bemerkst, dass du so einen Satz gerade denkst, sagst du innerlich: »Stopp!«

54

Rede mit dir wie mit einer Person, die du liebst

Wenn wir begonnen haben, all unseren negativen Selbstsuggestionen auf die Spur zu kommen, und sie jedes Mal gleich wieder beenden, können wir den nächsten Schritt machen:

Wir drehen nun das bisherige Instrument der negativen Autosuggestion einfach um und »polen« uns positiv um. Wir reden zwar mit uns selbst, aber nun auf eine harmonische und angenehme Art und Weise. Vor allem aber tun wir dies laut. Denn das gesprochene Wort kann noch kraftvoller sein als ein stummer Gedanke.

Die Zellen hören auf den Klang und die Frequenz unserer Stimme. Deswegen werden in vielen östlichen Religionen die Mantras auch laut gesungen. Ihre beseelende Wirkung auf den menschlichen Körper ist in den östlichen Traditionen schon lange bekannt. Nun beginnt sich dieses Wissen auch bei uns durchzusetzen und wird immer öfter wissenschaftlich nachgewiesen. Darum ist lautes Singen oder Summen so wesentlich für unseren Körper, unser Wohlbefinden, unsere Überzeugungen und unsere Wahrnehmung.

Wir können also alle positiven Suggestionssätze, die wir an uns richten, leise in Gedanken sagen, aber noch besser ist es, wenn wir dies laut tun. Rede mit dir so freundlich und zuvorkommend, wie du es mit deinem besten Freund tun würdest, oder wie mit einem Menschen beim ersten Kennenlernen. Rede mit dir wie mit einer Person, die du liebst und nicht verlieren möchtest.

Auf diese Weise beschäftigst du deinen Geist mit wohlwollenden Gedanken über dich, und jeder andere negative Gedanke findet nur noch wenig Raum, sich in dir auszubreiten.

Und wenn du Lust hast, baue diese Gedanken weiter aus. Erzähle dir, wie schön du bist, wie wundervoll und wie dankbar. Wie liebenswert, wie angenehm, wie freundlich. Rede mit dir, sooft es geht. Tu dies in Gedanken oder laut, vor allem vor dem Schlafengehen und morgens vor dem Aufstehen.

Der Verstand und unser Unterbewusstsein sind formbar. Sie beginnen schon recht bald, unseren positiven Selbstsuggestionen Glauben zu schenken, und entwickeln sich in diese gewünschte Richtung. Dies bestätigt auch die Hirnforschung: Dein Verstand kann sich nach deinen Gedanken und Worten entwickeln.

Und so wirst du bald automatisch den positiven Gedanken nachhängen und dich immer öfter dabei erwischen, dass du schmunzelst.

Affirmationen

❋ Ich bin in liebevoller Kommunikation mit meinem Körper.

❋ Ich denke ab jetzt voller Liebe über mich und meinen Körper.

Aufgabe

❋ Alles, was du ab sofort über dich denkst und sagst, ist positiv.

55

Wünsche dir Schönheit – lass nur positive Gedanken über dich zu

Mit welchen Augen betrachtest du dich? Bewunderst du dich? Magst du dich? Gefällst du dir? Meist ist dies nicht der Fall. Die meisten von uns mögen sich nicht sonderlich. Wenn sie sich im Spiegel betrachten, sind sie oftmals entmutigt und hoffnungslos. Wer soll so einen Körper schon mögen?

Genau diese Gedanken sind es aber, die daran arbeiten, dass unser Körper sich noch weiter nach dieser negativen Überzeugung entwickelt.

Jedes Mal wenn wir sagen: »Ich bin zu fett«, »Ich bin unansehnlich«, »Ich bin alt und müde«, »Ich bin hässlich«, »Ich schaue furchtbar aus«, »Schon wieder ein Pickel …«, verletzen wir uns selbst und veranlassen unseren Körper, sich in genau diese gewünschte Richtung zu entwickeln. Solche Sätze sind eben reinste Befehlssätze für unser Unterbewusstsein und unseren Körper. Wenn wir auf diese Weise über uns selbst reden oder sogar nur denken, erschaffen wir uns genau diesen Zustand und dürfen uns nicht wundern, falls wir immer öfter exakt diese Bestätigung von anderen zu hören bekommen.

Wollen wir uns in das Feld der Schönheit begeben, sollten wir als Erstes all die negativen Kodierungen beenden. Dies tun wir in dieser Regel. In der nächsten Regel widmen wir uns dem Aufbau.

Schritt 1: Macht man sich seine negativen Suggestivsätze bewusst, wird man erstaunt feststellen, wie oft am Tag man auf verletzende Weise über sich selbst redet.

Denk daran, selbst ein harmlos gesprochener Satz wie »Ich bin einfach eine fette Nudel« ist ein deutlicher Wunschsatz und strebt nach Verwirklichung.

Aber keine Sorge, dieses Verhalten wird sich bald ändern. Sei also nicht allzu ungeduldig. Es gilt einfach, eine kurze Zeit konstant seine negativen Gedanken zu beobachten. Und sobald du solch einen Satz entdeckst, halte kurz inne. Schmunzele darüber oder freue dich, wie bewusst du nun mit dir umgehst.

Denke Folgendes: »Diese Gedanken gehören der Vergangenheit an. In diesem Moment ändert sich mein Leben, denn in diesem Moment ändern sich meine Gedanken über mich selbst. «

Jedes Mal, wenn ich negativ über mich denke oder dies äußere, wird es mir bewusst, und mir wird klar, dass dies nur Gedanken sind. Dies ist nicht die Wahrheit über mich, sondern eine Meinung, die ich übernommen habe und nach der ich zu leben versuche. Es ist aber nur eine Meinung und nicht die Wahrheit.

Sobald dir so ein selbstzerstörender Gedanke bewusst wird, lass ihn augenblicklich wieder los und gib ihm keine weitere Kraft.

Affirmationen

❀ Ich bin einzigartig und schön.

❀ Ich erlaube mir, mich schön zu finden, und betrachte mich von jetzt an auf eine liebevolle Art und Weise.

Aufgabe

❀ Beobachte die täglichen Gedanken, die du über dich denkst. Sobald du dich dabei »erwischst«, wie du über dich negativ redest, sagst du innerlich: »Stopp!«, und formulierst den Satz sogleich in einen positiven Satz um.

56
Ich bin sexy

Beim Aussprechen von bestimmten Glaubenssätzen erkennen wir sofort an unserer Körper*sprache,* ob wir sie uns selbst glauben oder nicht. In all meinen bisherigen Seminaren waren es stets die beiden folgenden Sätze, die den Teilnehmern am schwersten fielen: »Ich bin liebenswert«, und: »Ich bin sexy.«

»Ich bin liebenswert« geht uns eben nicht so leicht über die Lippen. »Ich bin sexy« ist noch eine Steigerung. Dabei steckt in dieser Aussage unsere größte Sehnsucht. »Ich bin sexy« heißt nichts anderes als: »Ich bin schön, ich bin wundervoll, begehrenswert, anmutig, ich mag mich, es macht Spaß, mich anzusehen ...«

Vor allem bedeutet diese Aussage auch: »Ich bin liebenswert.« Also der Liebe wert. Und wer der Liebe wert ist, ist wertvoll genug, alle Geschenke des Lebens zu erhalten. Einen liebenden Partner, Harmonie, Geborgenheit, Zärtlichkeit, Aufmerksamkeit, Zuneigung, Anerkennung, Respekt und Liebe.

Um diese Stufe zu erreichen und unsere Überzeugungen zu wandeln, ist es sehr hilfreich, unseren Visionen, Bildern und Wünschen eine körperliche Erfahrung zu geben. Dies geht am besten allein zu Hause vor dem Spiegel.

Nach Schritt 1 (siehe vorige Regel) folgt Schritt 2: Wir sagen diese Glaubenssätze unserem Spiegelbild. Dabei merken wir sofort, welche Aussagen wir unserem Spiegelbild glauben und welche nicht. Wir sehen an unserem Körper, an unserer Haltung, an unserer Mimik oder hören an unserer Stimme, welche Aussagen uns schwerfallen – wovon wir also nicht überzeugt sind.

Auf diese Weise kennen wir nun unsere wahren unbewussten Überzeugungen, die uns auf dem Weg zu unserem Traumkörper behindern. Wollen wir dies ändern, müssen wir nur noch diese störenden Überzeugungen in den Griff bekommen und transformieren.

Stell dich vor den Spiegel und sage deinem Spiegelbild immer wieder: »Ich bin sexy.« Und zwar laut. Mit Sicherheit wirst du das am Anfang belustigend finden. Oder peinlich. Oder unglaubwürdig. Du wirst jedenfalls sofort feststellen, ob du deinem Spiegelbild Glauben schenken kannst oder nicht. Sei nicht überrascht, wenn du dir anfangs selbst kein Wort glauben magst. Das ist kein Wunder. Hätten wir bereits diese Überzeugung, wäre es längst an unserem Körper abzulesen.

Ich bin sexy und liebenswert, ist also unser Ziel. Um es zu erreichen, ist die Übung vor dem Spiegel ein kleiner D-Zug. Je spielerischer wir damit umgehen, desto erfolgreicher werden wir sein.

Probiere auch andere Sätze aus: »Ich bin liebenswert. Ich liebe mich. Ich bin schön.«

Wiederholst du dies öfter vor dem Spiegel – abends vor dem Schlafengehen, morgens beim Aufstehen, beim Zähneputzen oder wenn du in einem Schaufenster dein Spiegelbild erkennst –, wirst du sehr bald eine Veränderung in dir wahrnehmen: Du beginnst, dich zu dieser Person hin zu entwickeln.

Affirmationen

❋ Ich bin begehrenswert.

❋ Ich liebe meinen Körper.

Aufgabe

❋ Beginne mit der Spiegelübung noch heute.

57

Verstärke den Wunsch durch ein Ritual

Rituale haben einen hohen emotionalen Stellenwert für unser Gedächtnis. Rituale geben dem Wunsch eine ganz eigene Ernsthaftigkeit und nachhaltige Wirkung, denn sie helfen uns, kraftvoll bei unserem neuen Vorhaben zu bleiben.

Mit einem Ritual zeigen wir, wie wichtig wir unseren Wunsch nehmen. Wir nehmen uns Zeit und schaffen hierfür einen besonderen Rahmen. Beim Konzentrieren auf unser Ziel geht es schließlich immer auch darum, in sich eine starke Überzeugungskraft entstehen zu lassen. Und das kann man hervorragend mit einem eigens dafür geschaffenen Ritual.

Erschaffe dir einen besonderen Rahmen, um in deine innere Mitte zu kommen. Lege schöne Musik auf und zünde ein paar Kerzen an. Gestatte es dir einfach, Zeit zu haben und zur Ruhe zu kommen. Wesentlich ist, diesen besonderen Moment so zu gestalten, dass er Kraft für dich hat und dass du dich dabei entspannst. Wenn wir entspannt sind, fällt es uns viel leichter, uns auf das gewünschte Ziel positiv zu fokussieren.

Es muss nicht immer das gleiche Ritual sein. Ein Ritual ist eine wiederkehrende Tätigkeit und keine einmalige.

Vielleicht hast du Lust, Affirmationen für dich zu nutzen. Du kannst sie aufschreiben oder laut aussprechen.

Hast du deinen Wunsch aufgeschrieben, lege ihn an einen besonderen Ort. Es sollte ein schöner Platz sein, denn dieser Ort zeigt dir, wie wichtig und heilig dein Wunsch für dich ist.

Vielleicht magst du lieber deine Wunschcollage oder dein Wunschbuch zur Hand nehmen und dich so in deine Ziele vertiefen?

Du kannst den Zettel mit deinen Wünschen auch verbrennen und so auf die Reise schicken. Du kannst Bilder in dir entstehen lassen, durch deine Wohnung laufen oder dich in einem Park oder an einem Fluss gedanklich sammeln. Du kannst den Zettel mit deinen Wünschen in kleine Schnipsel zerreißen und dem Fluss anvertrauen. Oder von einem Turm in alle Windrichtungen wehen lassen. Oder einen Wunschluftballon in die Weite der Welt schicken.

Du kannst das Ritual alleine ausführen oder in einer Gruppe mit anderen Menschen.

Rituale bestärken uns in unserer Absicht. Sie formen unser Leben und geben ihm Gestalt. Sie haben eine enorm aufbauende Kraft. Sie motivieren und bestärken uns. Rituale zeigen uns, dass wir es mit unseren Zielen ernst meinen.

Wenn du beginnst, Rituale für dich zu nutzen, wirst du sehr schnell den Unterschied zwischen einem flüchtig ausgesandten Wunsch und einem – in einem besonders von dir geschaffen Rahmen – fokussierten Wunsch spüren.

Affirmationen

❋ Ich bin in meiner Mitte.

❋ Ich nutze die Kraft der inneren Sammlung, um mein Ziel zu erreichen.

Aufgabe

❋ Gönne dir eine Woche lang ein eigens von dir geschaffenes Ritual und spüre den Unterschied, den ein Ritual deinem Leben schenkt.

Ich bin in Verbindung mit
meiner eigenen Kraft.

58
Arbeit ist Ausdruck deiner Lebensfreude

Wenn wir mit unserem Berufswunsch beginnen wollen, müssen wir natürlich erst herausfinden, was der ideale Job für uns ist. Sonst verrichten wir vielleicht bald eine Arbeit, die uns gar nicht erfüllt. Nicht nur, dass wir dann keine Freude an unserer Arbeit haben, wir vermitteln auch allen anderen, vor allem unseren Kindern, Arbeit sei etwas sehr Schweres und Unangenehmes. Nicht selten wachsen die Kinder dann mit so einer negativen Meinung auf.

Vielleicht bist du sogar selbst mit so einer Einstellung zur Arbeit aufgewachsen. Haben dir deine Eltern vermittelt, für sein Geld müsse man hart arbeiten? Dann ist deine Vorstellung vermutlich: »Arbeit ist mühselig und schwer.« Wenn wir dies über unsere Arbeit denken, wird sich genau diese Einstellung in unserem Leben verwirklichen.

Es kann sogar sein, dass du aufgrund so einer Einstellung gar nicht die Tätigkeit ausübst, die dir wirklich gefallen würde oder die dir zeigen würde, wie wundervoll leicht und erfüllend Arbeit sein kann. Vielleicht übst du eine Tätigkeit aus, die dir – deiner Einstellung entsprechend – unglaublich schwerfällt oder dich nicht mehr inspiriert.

Wenn dem so ist, können wir visualisieren, was wir wollen – wir werden Arbeit immer nur als das erleben, was unserem inneren Grundmuster, also unseren inneren Grundwünschen, entspricht.

Deswegen sollten wir als Erstes damit beginnen, diese Grundgedanken zu verändern. Das kannst du am besten, indem du einmal der Frage nachgehst, welche Tätigkeit dir wirklich Freude machen würde.

Dabei ist es ganz egal, was andere über deinen Berufswunsch denken oder welche Meinung sie dazu haben. Schließlich möchtest doch *du* den Beruf ausüben, also sollte er zu dir passen.

Denke darüber nach, welche Tätigkeit dich ganz und gar erfüllen würde. Was würdest du gerne machen, wenn du nur könntest? Wichtig ist dabei nur, dass die Arbeit für *dich* erfüllend sein sollte. Schließlich willst du sie Tag für Tag, Jahr für Jahr, vielleicht sogar ein ganzes Leben ausüben.

Also gib dich nicht gleich mit der ersten Antwort zufrieden. Die erste Antwort mag noch immer der Wunsch deines Vaters oder deiner Mutter sein. Oder sie beruht auf der Vorstellung, auf diese Weise schnell Geld zu verdienen.

Was ist es, was du immer schon einmal werden wolltest? Was war dein ursprünglicher Traum? Wichtig ist nicht, was andere in dir sehen, sondern was du selber in dir siehst.

Affirmationen

✴ Meine Arbeit ist Ausdruck meiner Lebensfreude und Kreativität.

✴ Ich erfahre Anerkennung und Glück durch meine Tätigkeit.

Aufgabe

✴ Visualisiere vor deinem geistigen Auge deinen Traumjob. Spüre die Freude, die du hast, wenn du diese Tätigkeit ausübst. Es ist wichtig, dass es sich richtig anfühlt, und völlig unwichtig, ob es verstandesmäßig richtig ist. Achte auf diesen Unterschied. Fühle dich in diese Tätigkeit hinein. Ist es ein angenehmes Gefühl? Lässt es dich eher kalt? Oder fühlt es sich sogar unangenehm an? Bist du aufgeregt bei dem Gedanken? Oder gelangweilt? Welche Emotion löst es bei dir aus? Frage nur deinen Bauch, niemand anderen.

59

Liebe das, was du tust

Nur wer das liebt, was er tut, hat auf Dauer Erfolg bei seiner Arbeit und ist dabei auch noch glücklich. Andere spüren, dass man in seiner Arbeit aufgeht. Es macht Freude, uns Arbeit zu geben. Unsere Gedanken lauten dann: »Ich arbeite gerne. Ich freue mich, hier arbeiten zu können.«

Wer dagegen seine Arbeit nur wegen des Geldes verrichtet, der sendet ständig Gedanken aus wie: »Ich halte durch, bald ist es vorbei. Ich will nach Hause. Ich werde hier sowieso nicht verstanden.«

Wer seine Arbeit nur hinter sich bringen will, weil er ja irgendwie Geld verdienen muss, wird keine Energie, keine Kraft und Freude für seinen Beruf aufbringen. Wer während der Arbeit nur daran denkt, wann endlich Feierabend ist, oder wer das Wochenende herbeisehnt oder gar den Urlaub, damit man endlich für ein paar Tage nicht mehr arbeiten muss, lehnt seine Arbeit in Wahrheit ab und versucht, die Arbeit zu vermeiden und ihr zu entkommen. Solche Menschen fühlen sich gezwungen, diese ungeliebte Tätigkeit zu verrichten, um ihre Familie ernähren oder die Miete bezahlen zu können. Wenn man auf diese Weise seine Arbeit betrachtet, wird die Arbeit für alle zur Qual. Man hat das Gefühl, man arbeitet sehr hart, und leidet unter den Anforderungen, die an einen gestellt werden. Diese innere Abwehr spüren alle Beteiligten.

Durch diese berufliche Unzufriedenheit führt man eine innere Trennung zwischen sich selbst und dem Arbeitsplatz herbei. Und so ist es kein Wunder, wenn »plötzlich« eine Kündigung ins Haus flattert. In Wahrheit fand die Trennung von der Arbeitsstelle lange vorher statt, die innere Kündigung war schon längst ausgesprochen. Das Außen führt dann meist nur folgerichtig die unbewusste Zielvorgabe aus. Der Arbeitgeber ist nur noch ein Gehilfe – ein offizielles Ausführungsorgan – unserer unterbewusst getroffenen Entscheidung.

Wenn wir uns innerlich trennen, wird die Trennung auch bald im Außen vollzogen.

Wer dagegen gerne arbeitet, ist stets eine gute Arbeitskraft und wird sogar mit ziemlicher Wahrscheinlichkeit bei der nächsten Gehaltserhöhung einbezogen werden. Und zwar ohne dass sie eingefordert werden muss.

Es geht darum, unsere innere Einstellung
zu den Dingen zu verändern.

»*Erfolgreich wünschen*« ist nichts anderes, als unsere Sicht auf die Dinge zu verrücken. Wenn wir uns wünschen, glücklich und zufrieden mit unserer Arbeit zu sein, wird dies ziemlich rasch in unser Leben treten, weil wir uns selbst zu einem glücklichen Mitarbeiter verändern. Eigentlich ist dann Arbeit keine Arbeit mehr, sondern pure Freude.

Will man seine Arbeit auf lange Sicht behalten, beruflich aufsteigen oder einfach anerkannt und geliebt werden, sollte man beginnen, all das zu lieben, was man tut.

Affirmationen

❀ Ich liebe meine Tätigkeit.

❀ Ich freue mich jeden Tag darauf, meine Fähigkeiten unter Beweis zu stellen.

Aufgabe

❀ Wie kannst du deine Einstellung ändern, sodass du deine Tätigkeit voller Liebe und Hingabe verrichtest?

60
Vierzehn Schritte zum Erfolg

Um dich auf den Erfolg einzustimmen, habe ich meine besten Tipps für dich zusammengestellt. Beginnen solltest du mit diesem:

❋ Freue dich über den Erfolg anderer. Warum solltest du das tun? Weil du damit den Erfolg in dein Leben ziehst.

Erfolgreiche Menschen sind immer von erfolgreichen Menschen umgeben. Erfolglose Menschen sind immer von erfolglosen Menschen umgeben. Nach dem Gesetz der Resonanz ist das ziemlich einleuchtend. Freue dich über jeden Erfolg eines Menschen, der in deiner Nähe ist. Das ist ein Grund zum Feiern. Auf diese Weise verbindest du dich ebenfalls mit dem Erfolg und lädst ihn in dein Leben ein.

Wenn wir jemandem den Erfolg neiden, haben wir ein negatives Gefühl. Vor allem aber verknüpfen wir dann Erfolg mit Neid und dem negativen Gefühl. Darüber hinaus schieben wir erfolgreiche Menschen weit weg aus unserem Leben, anstatt sie einzubinden. Damit verstärken wir aber den Zustand von Erfolglosigkeit, anstatt das Erscheinen von Erfolg in unserem Umfeld als erstes Zeichen zu nehmen, dass Erfolg sich nun auch unserem Leben nähert.

Wenn ein erfolgreicher Mensch deine Nähe sucht, sieht er bereits etwas in dir, das du selbst eventuell noch gar nicht an dir erkannt hast. Er sieht in dir einen Gleichgesinnten, einen Seelenverwandten. Beginne einfach, das Gleiche in dir zu sehen, das er in dir sieht. Innerhalb kurzer Zeit wird sich dein Leben vollständig verändern. Lass dich überraschen, wie sich deine berufliche Lage, deine finanzielle Situation und sogar dein Freundeskreis verändern. Innerhalb kürzester Zeit wirst du von Menschen umgeben sein, die ebenso wie du an deinen Erfolg glauben.

* Höre auf, an deine Erfolglosigkeit zu glauben.
* Setze zumindest etwas mehr Zeit und Kraft dafür ein, an deinen Erfolg zu glauben.
* Suche nicht länger nach den Gründen für deine Erfolglosigkeit, denn wenn du dich damit beschäftigst, vertiefst du deine missliche Lage. Meist ziehst du damit eine Folge von automatischen Gedanken an, sodass du dich immer schlechter fühlst.
* Auch wenn deine Lage schlecht oder gar hoffnungslos scheint, zementiere deinen Zustand nicht mit Worten und Taten. Willst du dich davon lösen, suche dir positive Entsprechungen und beschäftige dich damit, sooft es geht.
* Wenn du morgens vor dem Spiegel stehst, läche deinem Spiegelbild zu und sage ihm: »Ich bin erfolgreich. Ich bin sehr gut in dem, was ich tue.«
* Siehst du dein Spiegelbild in einem Schaufenster, sage dir, dass hier ein erfolgreicher Mann bzw. eine erfolgreiche Frau steht.
* Halte dich nicht länger mit deiner Vergangenheit auf. Grüble nicht länger über deine gegenwärtige Lage.
* Befasse dich nur mit Dingen, die dich voranbringen.
* Sende nur positive Energie aus, indem du ausschließlich positiv über dich denkst und redest.
* Feiere jeden noch so kleinen Erfolg. Dies bestärkt dich in deinem Glauben und dem weiteren Aussenden deines Wunsches.

- Mache dir immer wieder bewusst, dass dein Wunsch bereits in Arbeit ist.
- Freue dich jetzt schon auf den Wandel, den dein Leben erfahren wird.
- Lobe dich für alles, was dir gelingt.

Affirmationen

- Ich bin erfolgreich.
- Erfolg auf allen Ebenen ist mein natürlicher Zustand.

Aufgabe

- Hast du dich heute schon hauptsächlich mit dem Thema »Erfolg« beschäftigt? Auf welchen Ebenen willst du Erfolg haben? Schreibe auf, was Erfolg für dich bedeutet.

61

Die Resonanz entscheidet, was deine Wünsche bewirken

Natürlich möchten wir gerne, dass bestimmte Personen in unser Leben treten oder in unserem Leben bleiben. Oder uns Geld schenken oder einen ganz bestimmten Job an uns vergeben. Immer wieder lese oder höre ich daher in unseren Seminaren Formulierungen, die eine andere Person mit einschließen: »Ich wünsche mir, dass P. mein ganzes Leben bei mir bleibt«, oder: »Meine Tochter und ihr Mann führen eine glückliche Ehe.« »Petra verlässt ihren Freund und zieht zu mir.« »Mein Chef unterschreibt meine Gehaltserhöhung.« Aber:

Der freie Wille steht über allem,
auch über jedem Wunsch.

Sonst könnte jeder andere Mensch sich etwas wünschen, was uns betrifft, und wir müssten es ausführen, ohne es zu wollen. Auf diese Weise müssten wir uns vielleicht in jemanden verlieben, obwohl wir diese Person nicht ausstehen können, oder unsere Wohnung aufgeben, weil ein anderer dort einziehen möchte, oder unseren Job verlieren, damit ein anderer unsere Arbeit bekommen kann. Wir wären fremdbestimmt und wohl ziemlich unglücklich. In erster Linie sollten wir also froh sein, dass der eigene Wille über allem steht.

Der eigene Wille ist entscheidend dafür,
wie wir unser Leben gestalten.

Mit der reinen Wunschenergie erreicht eine andere Person also erst einmal gar nichts bei uns. Allerdings: wir auch nichts bei anderen. Der freie Wille steht eben bei allen Menschen an erster Stelle.

Warum ist das so? Durch Wünschen, das heißt durch das Fokussieren auf unsere Ziele, senden wir feinstoffliche Energie aus. Diese sucht nach gleichschwingender Energie, also nach einer, die mit ihr resoniert. Resonieren dein Traumpartner oder dein Chef oder Tante Klara nicht mit dir, wandert die Energie einfach weiter. Dein Traumpartner wird es nicht einmal merken, dass ihn so eine Energie gestreift hat. Ebenso dein Chef oder Tante Klara. Wir können niemanden, der nicht mit uns in Resonanz ist, durch unsere mentale Kraft zu etwas zwingen.

Das Resonanzgesetz hat also einen großen Vorteil: Wir können wünschen, was wir wollen, wir greifen auf diese Weise nicht ungefragt in das Karma oder den Lebensplan eines anderen Menschen ein, sofern er nicht in Resonanz mit unseren Wünschen ist. Alles, was dieser Mensch tut, tut er aus freien Stücken, weil er sich so entschieden hat.

Doch bedenke: So wie gute Wünsche auf der energetischen Ebene bei einem Menschen ankommen und sogar wohltuend wirken können, treffen auch »Verwünschungen«, also negative Wünsche, dein Gegenüber durchaus – vor allem, wenn es aus irgendwelchen Gründen sehr »offen« oder sensibel ist oder es ihm an Schutz fehlt. Handle stets verantwortungsbewusst, liebevoll und ethisch! Du weißt: Alles ist mit allem verbunden. Letztlich schadest du dir selbst durch »schlechte« Wünsche. Vermehre stattdessen die Momente der Liebe in der Welt!

Affirmationen

❀ Ich bin in Verbindung mit meiner eigenen Kraft.

❀ Ich trage die alleinige Verantwortung für mein Handeln.

Aufgabe

❀ Überlege dir, was du gerne von anderen Menschen haben möchtest, und wandle diese Wünsche so um, dass sie neutral – also nicht personenbezogen – sind.

62

Bleib beim Wünschen nur bei dir

Unsere Wünsche, Ziele und Vorhaben sollen andere Personen nicht zwingen, etwas gegen ihren Willen zu tun. Wenn wir einen Menschen durch unseren Wunsch zwingen würden, uns zu lieben – was wäre diese Liebe wert, wenn er nicht freiwillig bei uns bleiben würde? Wir hätten nur einen Gefangenen, eine Marionette, einen Befehle-Ausführer und keinen Partner, der uns aus tiefster Seele liebt.

Ähnlich verhält es sich im Bereich der Arbeit. Angenommen, wir würden eine bestimmte Arbeitsstelle nur bekommen, weil wir durch erfolgreiches Wünschen den Arbeitgeber manipuliert hätten. Dann wäre unsere Einstellung unfreiwillig und wir könnten höchstwahrscheinlich nicht auf die Anerkennung und Loyalität unseres Arbeitgebers bauen.

Wie bekomme ich trotzdem die Person, die mich liebt? Ganz einfach: Ich bekomme nicht eine bestimmte ausgesuchte Person, die sich mein Verstand einbildet, sondern die Person, die auch schon lange auf der Suche nach mir ist. Deswegen funktioniert die Partnersuche mit »Erfolgreich wünschen«. Es ist wie eine universelle energetische Suchmaschine, die diejenigen zusammenführt, die sich auf der gleichen Schwingungsebene befinden.

Stell dir einmal vor, wie es ansonsten den beliebten Filmstars gehen würde! Tausende von Menschen wünschen sich sehr viele unterschiedliche Dinge von ihm oder ihr. Wäre es tatsächlich so, dass wir uns jemanden durch gezielte Gedanken untertan machen könnten, wäre das ein sehr schwerer Eingriff in die persönliche Freiheit.

Wir sollten sehr froh sein, dass wir durch unsere Wunschenergie niemanden zu unserem Glück zwingen können. Schwingt nämlich zum Beispiel unser gewünschter Partner nicht mit uns im Einklang, sind wir in der Tat ohne ihn wesentlich besser dran, auch wenn unser Verstand es in diesem Moment noch so gerne anders möchte.

Durch die mentale Beschäftigung mit unserem Ziel bekommen wir also keine von uns ausgesuchte Person, die sich unser Verstand einbildet, dazu, sich an uns zu binden. Lade ich jedoch durch mein Wünschen einen Menschen in mein Leben ein, der genau meine Schwingung besitzt, oder den Job, der genau für mich passt, oder die Wohnung, in der ich mich wohlfühle, dann wird es nicht exakt dieser Mensch sein, der mich lieben muss, und auch nicht die Wohnung, die vielleicht gerade noch besetzt ist und aus der doch – bitte schön – die jetzigen Mieter ausziehen sollen, oder genau der Job, den mir ein bestimmter Mensch vermitteln muss. Stattdessen wird es einfach das beste gleichschwingende energetische Feld sein, das mich glücklich macht – das heißt: der Partner, der mir ebenbürtig ist und zu mir passt und auch in der Lage ist, meine Liebe zu erwidern, der Job, den ich zur Zufriedenheit aller ausführen kann, und die Wohnung, die genau all meine Wünsche erfüllt.

Affirmationen

* Ich bin und bleibe in meiner eigenen Energie.

* Ich bin beschützt – nur willkommene Dinge erreichen mich.

Aufgabe

* Betrachte bewusst, wie viele deiner Gedanken sich um jemand anderen und wie viele sich um dich drehen. Verändere die Gewichtung zu deinen Gunsten.

63
Schütze dich vor Fremdenergie

*W*arum sollten wir uns vor Fremdenergie schützen? Solange wir wissen, wohin die Reise unseres Lebens geht, und wir unsere Ziele sicher im Auge behalten, können andere Menschen mit ihrer mentalen Kraft nur wenig bei uns erreichen.

Doch nicht immer wissen wir so genau, in welche Richtung wir unseren künftigen Weg lenken sollen. Es gibt Zeiten in unserem Leben, da sind wir wankelmütig, unsicher und offen für Vorschläge von außen. Sehr oft fragen wir dann andere Menschen um deren Meinung. In solchen Momenten sind wir nur wenig fokussiert.

> *Wenn wir keine klaren Ziele*
> *vor Augen haben,*
> *sind wir leicht beeinflussbar.*

Wir sind dann auch energetisch offen und mental beeinflussbar. Wir nehmen dann oft Überzeugungen in uns auf, die gar nicht unsere eigenen sind. Und nicht immer sind die auf uns einströmenden Energien zu unserem Besten. Ein sehr gutes Beispiel dafür ist Mobbing.

Menschen, die gestresst sind, übermüdet, keinen ausgeprägten eigenen Willen haben, emotional geschwächt sind oder nicht genau wissen, wie ihr Lebensplan verlaufen soll, sind meist sehr offen für Manipulation. Sie hören dann von allen Seiten auf das, was andere Leute sagen oder über sie denken – unter Umständen sogar auf das, was gar nicht ausgesprochen wurde. In solchen Momenten können andere Menschen mit ihren Gedanken energetischen Einfluss nehmen. Manipulative Absichten können also durchaus Störfelder aufbauen.

Wie schützt man sich vor Fremdenergie? Diese Frage entsteht natürlich sehr schnell, wenn man sich mit der eigenen mentalen Kraft beschäftigt. Schließlich wollen wir nicht fremdbestimmt durch die Welt laufen.

Einen klaren Plan für sein Leben zu haben, Urvertrauen, tiefe Zufriedenheit, die Liebe zu sich selbst und Zuversicht in die eigene Zukunft und in die eigenen Fähigkeiten, sind das Material, das einen perfekten Schutz um uns baut.

Um sich vor fremder Manipulation zu schützen, gibt es noch ein sehr einfaches Mittel, welches ich gerne anwende, wenn ich das Gefühl habe, nicht genügend geschützt zu sein. Ich konzentriere mich nur auf mich und grüble nicht ständig nach »Warum hat sie/er das getan/gesagt?«, denn damit verliert man Energie.

Bleib bei dir und deiner positiven Kraft. Nimm dir Affirmationen zu Hilfe, um deine Gedanken auf dich und deine Ziele zu konzentrieren.

Affirmationen

❋ Alle Dinge in meinem Leben geschehen ausschließlich nach meinem Willen.

❋ Ich bin offen und bereit für die Inspiration von außen. Entscheiden tue ich immer selbst.

Aufgabe

❋ Stelle dir abends vor dem Einschlafen vor, du wärst von einer kleinen Lichtkugel umgeben, in deren Mitte du liegst. Diese Lichtkugel beschützt dich während der ganzen Nacht. Dasselbe kannst du natürlich auch am Tag machen. Immer wenn du befürchtest, nicht mehr Herr deiner Wünsche zu sein, setze dich in eine solche Lichtkugel. Dies ist der beste Schutz gegen fremde Energie.

64

Verbinde dich mit deinen Zielen

Bis vor Kurzem war man noch davon überzeugt, in unserer Welt sei alles von allem getrennt. Man glaubte, dass zwei voneinander getrennte Dinge keinen Einfluss aufeinander haben können. Folgerichtig hat man uns beigebracht, uns selbst auch als von den anderen getrennt zu betrachten. Dies erzeugte zwangsläufig ein Gefühl von Isolation und Einsamkeit. Wir schienen den Dingen und Ereignissen zufällig ausgeliefert. Es gab uns – und den Rest der Welt. Mit diesem Bewusstsein sind wir aufgewachsen. Dieses Weltbild wurde so selbstverständlich, dass wir es nicht hinterfragten – obwohl es uns dabei emotional nicht gut ging.

Nun haben sich in den letzten Jahren die Erkenntnisse der modernen Wissenschaft aber vollständig gewandelt. Heute wissen wir, dass genau das Gegenteil der Fall ist. Wir sind nicht voneinander getrennt. Alles ist mit allem verbunden und beeinflusst sich gegenseitig!

Diese Erkenntnis ist für die Bündelung unserer Wunschenergie sehr bedeutsam. Denn aus der Quantenphysik weiß man längst, dass wir uns mit allem und jedem energetisch verbinden können. Wenn wir dies tun, springt diese Energie auf uns über – sie resoniert mit uns. Wir beginnen gleichzuschwingen.

Das geschieht aber nicht automatisch. Wir müssen uns in die gewünschte Energie einwählen. Wir müssen uns an diese Energie anschließen, so wie ein Zug sich an das Oberleitungsnetz anschließt. So wie wir im Radio einen Sender suchen, suchen wir durch die Auswahl unserer Wahrnehmung und unserer Gedankenkraft ebenfalls nach den geeigneten Frequenzen und verbinden uns mit ihnen.

Es gibt für dieses Energiefeld, das alles mit allem verbindet, seit Langem mehrere Namen: *Quantenfeld, göttliche Matrix, Urgrund, das Feld* oder *Quantenhologramm.* So wie Schallwellen die Luft als Träger benutzen, benötigt unsere ausgesandte Energie von Überzeugungen und Gedanken ebenfalls ein Medium, um in die Welt getragen zu werden, und dafür dient ihr das Quantenfeld. Dieses Energiefeld ermöglicht es uns, mit allem und jedem in Verbindung zu sein – bewusst oder unbewusst.

Das Einwählen in die richtige Frequenz geht leichter, als wir glauben; wir müssen es nur tun.

Wenn wir uns gedanklich und emotional auf unsere Ziele einlassen, sie uns immer wieder in den schönsten Farben vorstellen und hineinfühlen, wie wundervoll sich das Erreichen unserer Ziele anfühlt, verbinden wir uns mit ihnen.

Da alles bereits in diesem Feld vorhanden ist, können wir uns die Frequenz aussuchen, uns einwählen und die bisherige Trennung auflösen. Vielleicht haben wir uns bis heute in Frequenzen eingewählt, die für uns nicht sehr förderlich waren. Überzeugungen sind so ein mächtiges Instrument, mit denen wir uns mit Dingen verbinden.

Betrachte einfach dein Umfeld und wie du jetzt lebst, dann kannst du rasch erkennen, mit welchen Frequenzen du dich bisher verbindest.

Möchtest du Neues, anderes erleben, verbinde dich mit den gewünschten Zielen, wähle dich ein, fokussiere dich darauf und beobachte, wie dein neues Resonanzfeld dich und deine Umgebung verändert.

Beobachte dabei aber immer auch deine Überzeugungen. Was denkst du über dich? Welche Meinung hast du von der Welt? Wie betrachtest du Liebe, Reichtum, Partnerschaften, Gesundheit, Freundschaften etc.? Mit deinen Überzeugungen wählst du dich ebenfalls ein. Das solltest du auch tun, denn nur darüber lesen verändert noch nichts.

Affirmationen

* Ich verbinde mich bewusst in Liebe mit mir und meiner Umwelt

* Ich entscheide mich, das Gesetz der Resonanz ganz bewusst zu nutzen.

Aufgabe

* Warum noch länger auf die Erfüllung seiner Herzenswünsche warten, wenn man sich energetisch ganz klar und aktiv mit seinen Zielen verbinden kann? Aber die Betonung liegt auf *ganz klar* und *aktiv.* Fang an!

Ich bin in meiner Mitte.

65

Klopfe an und so wird dir aufgetan

Wir alle kennen diesen alten Bibelspruch: »Bittet, so wird euch gegeben ...; klopfet an, so wird euch aufgetan.« Seit unendlichen Zeiten gelten die gleichen Naturgesetze; sie gelten noch heute. Wir sollten sie uns wieder zunutze machen.

Genau genommen gibt es in unserer Welt ein unglaubliches Angebot von allem; es ist lediglich eine Frage der Verteilung. Es ist alles da – für jeden, auch für uns. Es ist nur eine Sache von Angebot und Nachfrage. Gemäß unserer »energetischen Nachfrage« wird es so verteilt oder gebaut, dass es in unser Leben eintritt.

»Bittet, so wird euch gegeben.« Leben wir in einer gedanklichen Welt des Mangels, haben wir eben diesen Mangel in unser Leben eingeladen. Was wir bekommen, ist das Erleben von Mangel, während unser Nachbar vielleicht im Reichtum schwelgt, weil er schlicht und ergreifend nach Reichtum in seinem Leben gefragt hat.

Haben wir erst einmal verstanden, dass es »von allem alles« gibt und unsere Wirklichkeit sich nur danach richtet, wonach wir fragen, so wird sich unser Leben komplett anders gestalten.

Alles ist im Überfluss vorhanden,
doch verteilt wird es nur auf Nachfrage.

Warum bekommen gerade die, die bereits am meisten haben, noch mehr? Weil in ihrer Gedankenwelt nichts anderes existiert. Weil sie in der Schwingung von Reichtum leben. Erfolg zieht Erfolg an, Unglück immer noch mehr Unglück.

Wenn wir zum Beispiel verliebt sind, läuft zusätzlich zu unserem Liebesglück auch noch alles andere besser. Natürlich weil wir die Welt mit positiven Augen betrachten. Positive Gedanken erschaffen eine positive Welt. Alles scheint uns zu gelingen. Unsere Sätze lauten nun: »Ich bin so glücklich ... Die ganze Welt liegt mir zu Füßen ... Alles geht gut.« Und tatsächlich, die Welt liegt uns zu Füßen.

In dem Moment jedoch, wo wir unsere Meinung ändern und uns nicht mehr von Liebe getragen fühlen, betrachten wir die Welt kritischer, und unsere Überzeugungen lauten ganz anders. Und entsprechend der Veränderung unserer Überzeugungen wird sich innerhalb kurzer Zeit das Erleben komplett ändern. Denn jeder Gedanke ist Energie. Er wird ausgesandt und will sich konkretisieren. Je intensiver, je emotionaler die Gedanken sind, desto kraftvoller ist die Energie.
Leider ist das auch im Negativen so. Auch negative Gedanken wollen sich verfestigen. Der Energie ist es egal, was wir denken. Sie unterscheidet nicht zwischen »Gut« und »Schlecht«, sie kennt keine Moral und bewertet auch nicht. Der Energie ist es egal, wozu sie sich formt. Sie tauscht einfach Informationen aus. Sie gehorcht dabei dem Grundsatz:

Energie folgt immer der Aufmerksamkeit.

Sind wir unglücklich, senden wir sehr oft negative Gedanken in die Welt hinaus: »Ich bin so unglücklich ... Mir geht es so schlecht ... Niemand liebt mich ... Ich bin zu bedauern ... Es ist alles hoffnungslos ...« All das sind energetische Befehlssätze für unser Unterbewusstsein. Unser subjektives Unglück wird sich verstärken.

Das gleiche Prinzip kann aber genauso gut für uns arbeiten. Verschiedene Energien finden sich zusammen, Menschen fangen sie auf, halten sie für eigene Ideen, basteln und arbeiten daran, und plötzlich stehen der gewünschte Partner, das erhoffte Ereignis oder der lang ersehnte Gegenstand vor der Tür. Wir müssen nur darum bitten und unseren Fokus auf unsere neuen Ziele legen.

Affirmationen

✳ Alles ist im Überfluss vorhanden.

✳ Ich bitte darum, mir die Tür zu meinem Reichtum zu öffnen.

Aufgabe

✳ Beobachte dich einen Tag lang und stelle fest, wie dein Leben sich nach deinen Befehlssätzen ausrichtet.

66

Lass Altes auf sich beruhen – und vergib

Es gibt vieles, was uns daran hindern könnte, unsere Ziele zu realisieren. Das wohl wichtigste Thema ist das Nicht-vergeben-Können. Sehr viele Menschen tragen seelischen Ballast mit sich herum, der sie daran hindert, unbeschwert einen Neuanfang zu wagen. Sie schaffen es nicht, die Vergangenheit auf sich beruhen zu lassen.

»Loslassen ist nicht so leicht«, sagen viele. Ja, zugegeben. Aber oft hindert uns eben nur dieser eine Aspekt daran, Neues zu beginnen.

Wir können oder wollen nicht vergeben – schon gar nicht denjenigen, die uns tief verletzt haben. Allein aus diesem Grund können wir die Vergangenheit nicht auf sich beruhen lassen. Wir wollen, dass diejenigen, die uns das alles angetan haben, dafür »bezahlen« müssen. Die schlechte Nachricht ist aber, dass sie es nicht tun werden. Die Konsequenzen tragen wir selbst. Wir hindern uns so lange daran, unser eigenes Leben zu leben, bis wir vergeben haben.

Das ist weder gut noch schlecht. Kein Mensch kann uns dazu zwingen, anderen zu vergeben. Allerdings zahlen wir dafür einen hohen emotionalen Preis. Auch wenn dies ungerecht erscheinen mag: Die Auswirkungen dieser emotionalen Verletzungen haben alleine wir zu tragen. Wahrscheinlich ist derjenige, dem wir nicht vergeben können, längst über alle Berge. Vielleicht hat er schon alles vergessen, ein neues Leben begonnen und lebt glücklich und zufrieden.

Wenn wir nicht loslassen können und unsere Trauer und Rachegedanken beibehalten, zahlen wir die Rechnung dafür ganz alleine. Wir bleiben in diesem Resonanzfeld gefangen, und unser gesamtes Umfeld wird sich danach ausrichten. Die Welt wird uns ungerecht erscheinen. Vielleicht erfahren wir sogar noch mehr Ungerechtigkeit, die uns darin bestärkt, wie unfair die Welt ist.

Vergeben hat immer etwas mit uns selbst zu tun. Wenn wir nicht vergeben, entscheiden wir uns, nicht weiterzugehen! Wir bleiben stehen und räumen den anderen Menschen Macht über unser Leben ein. Vielleicht sind sie schon lange tot oder verbringen mit anderen Partnern ein glückliches Leben. Nur wir sind noch immer in der Schleife der Unversöhnlichkeit gefangen.

Je schneller du loslässt, desto rascher wird sich dein Resonanzfeld verändern, und es werden bisher unbekannte Eindrücke oder Angebote auf dich zukommen. Lass dich auf sie ein, auch wenn sie ungewohnt und neu sind. Schließlich hast du jetzt die Möglichkeit, endlich neue Wege zu gehen. Und dazu gehören auch neue Schritte.

Affirmationen

❋ Ich lasse alle emotionalen Verletzungen los.

❋ Ich vergebe und verzeihe – mein Leben liegt allein in meiner Hand.

Aufgabe

❋ Schreibe all deine Verletzungen, die du in deinem Leben erfahren hast, auf. Sei nicht überrascht, wenn sich durch das Aufschreiben viel an aufgestauter Energie löst. Es kann sein, dass du erneut in deine Wut oder deine Traurigkeit gehst. Lass sie zu und bewerte sie nicht. Betrachte nun die Liste in aller Ruhe. Und nun stelle dir folgende Frage: Wem von den Menschen auf dieser Liste möchtest du noch immer Macht über dein Leben geben? Und wen glaubst du loslassen zu können?

67

Lösche deine nicht mehr gewollten Wünsche

$\mathcal{W}$ir ändern sehr oft und gerne unsere Meinung. Das ist unser gutes Recht. Schließlich gibt es Entwicklung in unserem Leben und damit auch neue Sehnsüchte und neue Ziele. Wir wachsen und werden mental größer und erwachsener und trauen uns mehr zu.

Neue Informationen eröffnen uns neue Möglichkeiten. Wir entwickeln uns, öffnen Türen und stehen plötzlich vor anderen Wahlmöglichkeiten. Da sich unser Leben ändert, wollen wir natürlich vieles, was gestern noch bedeutsam war, nicht mehr. Manchmal behindern sie sogar unseren weiteren Weg. Es wäre ziemlich unklug, sich der eigenen Entwicklung entgegenzustellen, weil man Altes nicht loslassen will oder man in der Vergangenheit in Altes bereits so viel investiert hat. Festhalten am Alten würde unser Vorankommen behindern.

Aber: Wie gehen wir nun mit den bereits gezielt ausgesandten und kommunizierten Wunschzielen der Vergangenheit um?

Ganz einfach: Wir entziehen ihnen unsere mentale Energie. Und zwar, indem wir nicht mehr länger an sie denken oder uns mit ihnen beschäftigen. Ziele bleiben in unserem Leben, solange wir uns darauf fokussieren, sei dies bewusst oder unbewusst.

Wenn wir etwas nicht mehr wollen,
dürfen wir ihm keine Aufmerksamkeit schenken.

Entziehen wir gewissen Dingen unsere Energie – also unsere bewusste oder unbewusste Aufmerksamkeit –, werden sie langsam aus unserem

Leben entschwinden. Wir alle kennen das im täglichen Leben. Entziehen wir zum Beispiel unserer Beziehung die Energie, löst sie sich langsam auf, und wir werden uns früher oder später unweigerlich von unserem Partner trennen. Der Garten zum Beispiel, um den wir uns nicht kümmern, oder das Haus, das wir nicht bewohnen, dem wir also keine gedankliche Energie schenken, wird immer mehr verwahrlosen. Irgendwann wird es völlig aus unserem Gesichtskreis verschwinden, und eine andere Person, die sich solch ein Objekt gewünscht hat – die sich also in Resonanz dazu gebracht hat –, wird sich um das Haus den Garten oder unseren Partner kümmern dürfen.

Wollen wir unsere bereits gesetzten Ziele wieder löschen bzw. ändern, bedanken wir uns für die geleistete Arbeit, die unsere Energie bereits irgendwo da draußen umzusetzen begonnen hat. Aber da wir die Verwirklichung nicht mehr wollen, konzentrieren wir uns nun auf einen anderen Wunsch und schenken ihm unsere ganze Kraft und Energie.
Hast du damals dein Ziel aufgeschrieben, streiche es jetzt am besten durch und merke daneben an, dass du es geändert oder gelöscht hast, wie wenn du einen gedachten Vertrag annullierst. Das ist deswegen so wichtig, weil man bereits Monate später das meiste davon vergessen hat und es vielleicht doch in Erfüllung geht, obwohl man es eigentlich nicht mehr haben will. Stell dir vor, der Exmann, den »sie« sich vor Monaten noch herzzerreißend herbeigesehnt hat, steht wieder vor der Türe – doch mittlerweile will sie ihn nicht mehr ... (eine wahre Geschichte!).

Du solltest dich außerdem unbedingt auf ein neues Ziel fokussieren und es präzise ausformulieren, damit du nicht länger deinem alten Wunsch nachhängst – auch nicht unbewusst – und er alleine deswegen noch materialisiert werden könnte.
Mach dir dies ganz klar und bewusst. Schließe Altes ab und beginne Neues.

Affirmationen

❀ Ich beende das Alte und öffne mich für das Neue.

❀ Ich fühle mich dem neuen Ziel verbunden.

Aufgabe

❀ Lies deine bisherigen Ziele und Wünsche, die du aufgeschrieben hast, bewusst durch und schau immer wieder, welche davon keinen Bestand mehr für dich haben. Formuliere sie um oder streiche sie ganz.

68

Wünsche gemeinsam mit deinem Partner

Das schönste Gefühl der Verbundenheit entsteht, wenn wir mit unserem Partner oder unseren Familienmitgliedern gemeinsame Wünsche herausfinden.

Einigen sich zwei oder mehrere Menschen auf eine Richtung und bauen sie dann gemeinsam an dessen Verwirklichung, wird dieses Ziel durch viel mehr Energie gespeist und kann dadurch wesentlich mehr Kraft entwickeln und schneller in Erfüllung gehen.

Wir alle kennen solche Paare, Freundschaften oder Familien, die das gewisse »Etwas« haben, die auf wundervolle Weise verbunden sind und mehr erreichen als andere. Meistens sind diese Menschen sich völlig einig in den Zielen, die sie anstreben.

Am besten ist es also, sich stets gemeinsame Ziele zu suchen, egal ob in einer Freundschaft, einer Partnerschaft oder einer beruflichen Verbindung. Unterhalte dich daher nicht nur zu Beginn deiner Partnerschaft, sondern regelmäßig mit deinem Partner darüber, welche gemeinsamen Wünsche ihr anstreben könntet. Das schwört euch aufeinander ein.

Sehr oft verändern sich mit der Zeit die eigenen Bedürfnisse und Wünsche. Und nicht selten zielen sie dann in eine völlig andere Richtung als zu Beginn. Schreibe deswegen alle gemeinsamen Wünsche auf, damit ihr einerseits immer wieder zum ursprünglichen Ziel zurückkehren könnt und andererseits Unstimmigkeiten über den genauen Wortlaut vermeidet. Sucht euch gemeinsam Affirmationen aus, die genau den Zielen der Partnerschaft entsprechen. Schreibt euch die Affirmationen auf und tragt sie ständig mit euch im Geldbeutel oder in der Hosentasche herum oder habt sie in Sichtweite, zum Beispiel auf dem Schreibtisch.

Überlegt euch ein gemeinsames Symbol, das ihr beide ständig vor Augen habt und das euch an das gemeinsame Ziel erinnert.

Je intensiver man sich mit der gemeinsamen Affirmation oder dem entsprechenden Symbol beschäftigt, desto schneller und tiefgreifender wird der angestrebte Erfolg und desto inniger und fester wird auch die Verbindung, denn gemeinsame Ziele schweißen ein Paar zusammen.

Ein weiterer Vorteil, wenn zwei oder mehrere sich das Gleiche wünschen: Falls einer von beiden wankelmütig wird und zu zweifeln beginnt, kann der andere ihn aus dem »Loch« holen und zurück ins Fahrwasser des Zieles bringen. Beide können sich gegenseitig Kraft, Mut und Hoffnung schenken. Seid euch auf dem Weg zum Ziel gegenseitig eine Stütze – dann kommen euch die in den Weg gelegten Hürden wie kleine Stolpersteine vor, die ihr einfach wegkicken könnt.

Affirmationen

❋ Gemeinsam sind wir stark und gehen den Weg zum Ziel voller Freude.

❋ Ich freue mich, dass ich meine Gedanken zu jeder Zeit einem lieben Menschen mitteilen kann.

Aufgabe

❋ Hast du mit deinem Partner über deine Sehnsüchte, Wünsche und Ziele schon gesprochen und sie mit ihm abgeglichen? Fühle dich frei, alles sagen zu können, was dir auf dem Herzen liegt. So erreichst du mit deinem Partner am schnellsten ein gemeinsames Ziel.

69

Die wichtigsten Punkte, um Reichtum in deinem Leben zu verwirklichen

Um Reichtum in deinem Leben zu verwirklichen, beachte Folgendes:

1. Halte dich nicht mit der Situation auf, die du gerne verändern möchtest. Jeder Gedanke daran baut weiter an diesem Zustand. Gib keine langen Erklärungen ab, wie es dir gerade geht, weder vor anderen noch vor dir selber. Erkläre dir und deinem Unterbewusstsein lieber, wie wundervoll es jetzt gerade wird.

2. Glaube felsenfest daran, dass Geld dir zusteht, egal wie schlecht es der Wirtschaft geht und wie viele furchtbare Nachrichten du in den Zeitungen liest. Gleichgültig wie stark die Börsen zusammenkrachen – lass diese Energie nicht zu deiner werden. Wenn andere sich mit dieser Angst-Energie verbinden, wird dieses Erleben zu ihrer Erfahrung werden. Lass es aber nicht zu deiner werden. Du weißt, dass du auf nichts mehr verzichten musst und so lebst, wie du glaubst, dass es dir zusteht.

3. Halte stets an deiner Vision fest. Geld ist dein natürlicher Zustand, Geld steht ständig zu deiner Verfügung, egal in welcher Währung. Durch beständiges Festhalten an diesen Gedanken bringst du dich in Resonanz mit der Energie von Reichtum.

4. Fühle dich reich. Gleiches zieht Gleiches an. Wenn wir uns reich fühlen, wird Geld uns beständig zufließen – in Form von Geschenken, einer wundervollen Arbeitsstelle oder von Dingen, die wir uns wünschen.

5. Denke dich reich. Äußerer Mangel ist stets auf einen inneren Mangel zurückzuführen. Meist denken wir nicht reich, sondern fühlen uns vernachlässigt, emotional verarmt und ungeliebt. Sehr oft resultiert daraus der Gedanke, es stünde uns nicht zu. Unser Leitsatz sollte dann lauten: »Das Leben ist wundervoll und beschenkt mich mit allem, was ich benötige.«

6. Geld besitzt keine Emotionen; es ist nur ein Tauschmittel. Jegliche Bewertung darüber entspringt Vorstellungen, die nicht dorthin gehören.

7. Es ist eminent wichtig für den Erfolg oder Misserfolg, Geld in unser Leben zu ziehen und uns darüber klar zu werden, was wir über Geld denken und ob wir Geld auch wirklich in unserem Leben willkommen heißen.

8. Natürlich können wir Geld für gewisse Dinge sparen, für unseren Lebensabend zum Beispiel, für ein Fahrrad, einen neuen Computer, für unseren Urlaub, ein Haus oder ein Auto. Aber stets verbinden wir damit ein freudiges, wohliges Erlebnis. Wir fühlen uns reich und freuen uns, dieses Geld zum rechten Zeitpunkt wieder in den Kreislauf zu bringen. Denn: Geld muss stets fließen, damit es lebendig, also energiereich bleibt.

9. Wenn wir Geld besitzen, sollten wir auch nie andere vergessen, sondern sie an unserem Reichtum teilhaben lassen. Das bringt vor allem nicht nur Freude, sondern lässt ein Gefühl von Reichtum entstehen. Wir sind nämlich erst dann gedanklich reich genug, wenn wir mit Leichtigkeit anderen davon abgeben können. Würden wir das Geld nur geizig horten, misstrauen wir dem natürlichen Fluss von Geld und schneiden uns unbewusst vom Leben ab. Wir glauben dann nicht, dass Geld nachfließen wird.

Affirmationen

❋ Ich bin verbunden mit der Fülle.

❋ Reichtum steht mir zu.
   Alles ist im Überfluss vorhanden, auch für mich.

Aufgabe

❋ Nimm dir immer wieder einen dieser Punkte vor und beschäftige dich damit.

Ich bin beschützt –
nur willkommene
Dinge erreichen mich.

70

Erkenne den Zusammenhang zwischen innerem und äußerem Reichtum

Da der Wunsch nach Geld – neben Gesundheit und einer erfüllten Partnerschaft – einer der sehnlichsten Wünsche im Leben von Menschen ist, befassen wir uns mit dem inneren und äußeren Reichtum.

Den äußeren Reichtum kennst du als materielles Vermögen. Allerdings wird es den äußeren Reichtum ohne den inneren nie geben. Reichtum hat ursächlich nicht unbedingt etwas mit Geld zu tun, auch wenn wir dies gerne glauben. Menschen sind nicht unbedingt arm, weil sie zu wenig Geld haben. Die Gründe für Geldprobleme, mit denen viele Menschen kämpfen, liegen meistens »außerhalb« des Geldes selbst, nämlich im Inneren des Menschen.

Die wahre Armut beginnt meist von innen
und zeigt sich dann im Außen.

Hat ein Mensch Schwierigkeiten, ein befriedigendes Verhältnis zum Geld zu entwickeln, so wird sich dies auch im materiellen Bereich zeigen. Wesentlich ist also nicht bloß unsere Einstellung zum äußeren, sondern auch zum inneren Reichtum.

Wenn es dir gelingt,
deinen inneren Reichtum zu vergrößern,
wird auch der äußere Reichtum wachsen.

Willst du also materiell reich und zufrieden in deinem Leben werden, so solltest du erst einmal deine innere Einstellung zum Geld und zum Leben gründlich überprüfen. Dazu gilt es herauszufinden, was den inneren Reichtum für uns ausmacht:
Was bedeutet es für dich persönlich, innerlich reich zu sein?

Ist es die innere Gelassenheit, mit der du alle Erfahrungen, ob gute oder schlechte und traurige, annehmen kannst?
Sind es die Erfahrungen, die dich lehren, auch großes Leid aushalten und es in wertvolle Erinnerungen und Stärken umwandeln zu können?
Ist es deine Fähigkeit ...,

... dich von Äußerlichkeiten frei zu machen, loszulassen, unabhängig von allem zu werden, von all dem, was in der Gesellschaft als wichtig angesehen wird?
... die Dinge zu genießen, ohne dass sie zur Sucht werden?
... Leben und Tod als ein Rätsel zu betrachten – ein Rätsel, das du niemals lösen wirst und auch nicht lösen musst?
... innere Ruhe trotz eines wiederkehrenden Sturms zu finden und dich abzuschirmen?
... das Schöne zu sehen, obwohl das Hässliche oft so nah ist?
Hast du den inneren Reichtum erreicht, wenn du sagen kannst, dass du glücklich und zufrieden mit deinem Leben und mit dir bist? Ist es vielleicht von alldem ein bisschen?

Nachdem der innere Reichtum den äußeren beeinflusst, ist es auch sehr wesentlich für dich, herauszufinden, was den inneren vom äußeren Reichtum unterscheidet. Äußerer Reichtum bedeutet, genügend Geld zu haben, um nicht darüber nachdenken zu müssen, ob ich morgen meine Miete, mein Essen, meine Kleidung und alles, was ich sonst zum Leben benötige, bezahlen kann.

Der wichtigste Unterschied: Den inneren Reichtum, den man sich im Leben erschaffen hat, kann man nicht verlieren, während der äußere Reichtum einem nie sicher ist.

Affirmationen

❀ Ich bin innerlich und äußerlich reich.

❀ Mein innerer Reichtum manifestiert sich im Außen zum Wohle aller.

Aufgabe

❀ Beantworte die obigen Fragen sehr genau. Sei sehr ehrlich zu dir selbst und spüre nach, woher dein Mangelbewusstsein kommen könnte.

71

Wünsche dir lieber gleich, was du mit dem Geld machen würdest

Hinter dem Wunsch nach Geld finden wir oftmals eine ganz andere Sehnsucht als nur den materiellen Wert. Sehr oft glauben wir, durch Geld glücklicher zu werden. Oder wir hoffen, durch Geld unser Gefühl von Minderwertigkeit ausgleichen zu können. Manchmal glauben wir auch, erst durch den Besitz von viel Geld geliebt zu werden. Oder einen Partner zu finden. Oder Sex.

Mit Geld verbinden wir oftmals Anerkennung, Bewunderung, Macht, Leichtigkeit, und wir hoffen, all dies durch Geld zu bekommen.

Dies alles ist leider nicht möglich. Geliebt wird auf diese Weise nur unser Reichtum und das, was sich andere davon erhoffen. Das Gefühl von Minderwertigkeit wird jedenfalls bleiben. Wirklich nachhaltig glücklich ist durch Geld allein noch niemand geworden. Die meisten Lottomillionäre waren nach einigen Jahren ärmer als zuvor, hatten keinen Arbeitsplatz mehr und auch keine Freunde.

Wenn du also glaubst, all das durch Geld zu erhalten, stellt sich doch ziemlich schnell die Frage, warum wir überhaupt diesen Umweg machen müssen. Wenn wir uns mehr Anerkennung wünschen oder mehr Sex oder das Gefühl von Glücklichsein, warum wünschen wir uns dann Geld und nicht gleich das, was wir uns durch den Erhalt von Geld erhoffen?

Frage dich einfach, was du mit dem Geld machen würdest, und nimm das, was hinter dem Wunsch nach Geld steht, als dein Ziel. Möchtest du zum Beispiel gerne mehr Sicherheit in deinem Leben haben, wünsche dir Sicherheit und kein Geld. Erst der Wunsch nach Sicherheit wird dir

Sicherheit bescheren, auch finanzielle Sicherheit. Denn dies gehört zum Gefühl der Geborgenheit dazu.

Für all jene, deren Wunschkraft sich durch das Visualisieren am stärksten entfaltet, kommt die Schwierigkeit hinzu, ein passendes Symbol für Geld zu finden. Die Materie Geld ist an sich neutral. Welches starke Bild könnten wir also am besten für unseren Wunsch einsetzen? Für Geld gibt es kein brauchbares, vor allem mit Emotionen gefülltes Bild, das wir verwenden könnten.

Allerdings haben wir sicherlich zu all dem, was wir uns von diesem Geld kaufen würden, eine sehr starke positive Emotion. Und diese Emotion sollten wir nutzen, um das Gewünschte in unser Leben zu ziehen. Es ist also gar nicht so empfehlenswert, sich Geld zu wünschen, sondern lieber gleich das, was man sich mit dem Geld gerne kaufen würde: das Haus, das Boot, die Wohnung, das Fahrrad. Dann kann es passieren, dass wir diese Dinge einfach bekommen, ohne viel Geld dafür zu bezahlen.

Affirmationen

* Alles ist im Überfluss vorhanden.

* Ich empfange die Geschenke des Lebens mit offenen Armen.

Aufgabe

* Überleg dir, was du gerne kaufen möchtest, und fokussiere dich gleich auf dieses Ziel.

72
Der Wunsch nach Reichtum ist vollkommen in Ordnung

Das Gelingen oder Scheitern von Wünschen, die mit Geld zu tun haben, hängt oftmals von einem einzigen Gedanken ab: Entweder glauben wir: »Geld steht mir zu«, oder: »Geld steht mir nicht zu.« Jeder von uns hat ein Recht auf Gesundheit, Wohlstand, Glück und Reichtum. Reich zu sein ist ein natürlicher Zustand, den wir ohne schlechtes Gewissen oder moralische Bedenken zu erreichen versuchen sollten. Schließlich ist niemandem mit unserer Armut gedient. Warum sollten wir uns also ständig einschränken müssen und am Existenzminimum herumkrabbeln?

Der Wunsch nach Reichtum ist vollkommen in Ordnung. Wir sollen uns schließlich geistig und seelisch entfalten. Dies geht aber nicht, wenn wir ständig daran denken müssen, wie wir die Miete, das Essen oder andere Dinge bezahlen können. Jedem von uns steht Geld zu. Aber gestehen wir es uns auch selber zu?

Armut ist oftmals
ein Irrtum unserer Gedanken.

Sage ein paarmal: »Ich habe ein Recht darauf, reich zu sein«, und spüre, ob sich bei dir still und leise ein paar Widerstände melden. Die meisten glauben nämlich nicht wirklich – und das ist äußerst überraschend –, dass ihnen Geld tatsächlich zusteht. Viele sind nicht mit Geld aufgewachsen. Im Gegenteil, oft haben sich tief sitzende Mustersätze der Armut eingegraben. Und diese Gedanken verhindern ziemlich erfolgreich, dass Geld in unserem Leben fließen kann. Viele von uns haben – ohne es zu wissen – zu Geld eine gespaltene Beziehung. Sie brauchen es zwar, finden aber Geld nicht wirklich positiv. Für viele ist Geld schmutzig oder sogar Teufelszeug, und sie glauben, vom Geld käme alles Übel auf dieser Welt. Manche meinen, nach Geld zu streben sei unmoralisch, egoistisch, gierig oder mit ihrer Religion nicht zu vereinbaren. Solange wir jedoch solchen Gedanken nachhängen, wird Geld nicht in unser Leben treten. Wir wehren es sogar regelrecht ab.

Geld ist aber lediglich ein Tauschmittel. Geld ist völlig neutral.

Geld verhält sich zu uns immer nur so,
wie wir uns zum Geld verhalten.

Bewerten wir Geld positiv, werden wir es im Überfluss besitzen. Verteufeln wir es, wird Geld uns meiden, obwohl wir es dringend brauchen.

Falls der Rückfluss von Geld bei dir nicht richtig funktioniert, überlege einmal, ob in dir auch negative Überzeugungssätze vorhanden sind, etwa: »Solange es anderen schlecht geht, darf es mir nicht gut gehen.« Oder: »Nur durch harte Arbeit kann man Geld verdienen.« Oder: »Geld verdirbt den Charakter.«

Wenn wir auch nur einen oder zwei solcher Sätze glauben, wird Geld mit Sicherheit nicht sehr willkommen in unserem Leben sein.

Affirmationen

❋ Ich erkenne Geld als wertvolles Tauschmittel an.

❋ Alles ist im Überfluss vorhanden – auch ich erlaube mir, daran teilzuhaben.

Aufgabe

❋ Überlege dir, welche negativen Gedanken du über Geld hast. Transformiere dein bisheriges Armutsbewusstsein in ein Reichtumsbewusstsein mittels Affirmationen.

73

Nutze die Kraft der Wunschcollage

Affirmationen sind ein sehr starkes Mittel, um uns beständig in Resonanz mit unseren Wünschen zu halten. Natürlich gibt es noch viele andere Möglichkeiten, durch Gedankenkraft die mentale Ausrichtung zu stärken. Wir müssen uns grundsätzlich mit unseren Wünschen identifizieren und uns mit ihnen beschäftigen.

Je länger und intensiver wir uns mit dem gewünschten Ergebnis befassen, desto stärker und nachhaltiger identifizieren wir uns mit dem künftigen Ziel. Das klingt vielleicht nach Arbeit, aber in Wahrheit benötigen wir dafür keinerlei Kraftaufwand. In Resonanz zu kommen, kann durchaus spielerisch geschehen. Genau genommen ist es sogar am besten, beim Wünschen entspannt zu sein. Je leichter uns dies gelingt, desto besser.

Eine wundervolle spielerische Möglichkeit ist zum Beispiel, ein ganz persönliches Wunschbild zu bauen, also eine Art Collage unseres Wunsches. Die Wunschcollage ist so kraftvoll, weil wir dabei in unsere kindliche – also schöpferische – Energie gehen. Bei dieser Art der mentalen Beschäftigung konzentrieren wir uns automatisch auf unsere Ziele. Meist lächeln wir sogar dabei. Es ist die leichteste und einfachste Art, in Resonanz mit unseren Wünschen zu kommen.

Und so geht es: Schneide aus Zeitungen, Illustrierten oder Magazinen all das aus, was du gerne in deinem Leben haben möchtest – was auch immer es sei. Alle Bilder, Zeichnungen oder Fotos, die mit deinem Wunsch in Verbindung stehen, sind dafür geeignet. Begrenze dich nicht bei den Dingen, die du gerne in deinem Leben haben möchtest: einen Computer, ein Fahrrad, ein Haus, ein Kleid oder ein Auto. Vielleicht sind es mehrere

Dinge auf einmal: eine Wohnung, Rollerblades, eine Tasche, ein Boot, ein Urlaub, ein Traumpartner oder Geld.

Du kannst auch selber malen oder schreiben. Wesentlich ist, dass du diese Wunschcollage immer wieder vor Augen hast und dich damit beschäftigst. Sooft du das Gewünschte vor Augen siehst, schwelgt dein Unterbewusstsein in Vorfreude. Du beginnst, das Gewünschte immer mehr anzunehmen. Du identifizierst dich mit deinen Wünschen. Du näherst dich deinen Zielen immer mehr an. Sie sind nicht länger unerreichbar. Und plötzlich treffen sie ein. Und du findest dies selbstverständlich. Weil sie doch bereits so lange Zeit ein Teil von dir waren, ist es nur natürlich, sie nun auch physisch, also ganz real, in deinem Leben begrüßen zu dürfen.

Hänge dieses Bild bei dir zu Hause auf, damit du täglich in Kontakt damit treten kannst. Vielleicht kommt immer wieder etwas Neues hinzu oder du malst einige Details noch konkreter aus. Je mehr sich dein Geist und deine Vorstellung darauf fokussieren, desto besser. Je mehr du in die Vorfreude gehst, desto stärker ist die mentale Kraft.

Das Wunschbild ist deine persönliche Programmierung auf deine Ziele. Manches geht eben ganz leicht. Je weniger Kraft wir aufwenden, desto eher sind wir in der Entspannung. Je entspannter wir sind, desto eher sind wir verbunden mit unseren Zielen.

Affirmationen

❋ Alles, wofür ich mich in meinem Leben entscheide, kann ich erreichen.

❋ Meine inneren Bilder setze ich im Außen um

Aufgabe

❋ Baue deine persönliche Wunschcollage und beobachte, was geschieht.

74

Jedes Kind hat seine individuellen Wünsche und Sehnsüchte

Wenn man Kinder hat, will man natürlich das Beste für sie erreichen. Da liegt es sehr nahe, sich zu fragen, ob man nicht auch etwas für seine eigenen Kinder wünschen kann. Natürlich kann man das. Allerdings sollte man dabei drei Dinge beachten:

1. Dass das Kind den gleichen Wunsch in sich trägt.
2. Dass es uns erlaubt, seinen Wunsch zu unterstützen,
3. Dass unsere Wünsche nicht selbstsüchtiger Natur sind.

Dazu muss man natürlich erst herausfinden, welche Wünsche das Kind in sich trägt. Auch wenn diese Wünsche nicht immer sofort in Worte gefasst werden können, hat jedes Kind Visionen und Hoffnungen, die seinen künftigen Lebensweg bestimmen werden. Hat man als Erwachsener von all diesen Wünschen keine oder nur wenig Ahnung oder lehnt man diese Wünsche gar ab, wird man sich ziemlich bald in einem heftigen Widerstreit mit seinem Kind wiederfinden. Genau genommen behindert man es in seiner Entwicklung, nur weil es nicht der elterlichen Vorstellung entspricht. Sehr oft versucht man dann, die eigene Auffassung von der Welt auf das Kind zu projizieren, und möchte, dass es unsere eigenen Versäumnisse nachholt und erfolgreich auslebt oder in unsere Fußstapfen tritt und unser eigenes Leben kopiert. Damit entziehen wir aber dem Kind seine Eigenständigkeit und die Chance, sein Leben in die eigenen Hände zu nehmen. Spätestens während des Abnabelungsprozesses werden wir dann harte und rigorose Befreiungsschläge erleben.

Wir alle kennen Eltern, die ihre Kinder zu Höchstleistungen treiben, damit sie selber wieder das Gefühl von Wichtigkeit bekommen. Nicht selten funktionieren solche Wünsche eine erstaunlich lange Zeit. Denn Kinder wollen einfach eins: dass ihre Eltern stolz auf sie sind. Daher ist es so leicht, dem eigenen Kind fremdbestimmte Ziele einzupflanzen. Dies ist nichts anderes als Manipulation, die das Kind im späteren Leben bitter bezahlen muss. Nämlich dann, wenn es plötzlich entdeckt, dass alles bisher Gelebte nicht seinem wahren Selbst entsprach.

Begleiten wir dagegen unser Kind mit Zielen, die es selber in sich trägt, kann das gemeinsame Wünschen sehr kraftvoll und erfolgreich sein. Vor allem dann, wenn das Kind darum weiß und damit einverstanden ist. Es wird motiviert, bekommt Selbstvertrauen und die Selbstsicherheit, auch die unmöglichsten Dinge erreichen zu können.

Deswegen sollten wir als Erwachsene die eigenen Vorstellungen zunächst hintanstellen und erst einmal die Talente des Kindes entdecken sowie das angelegte Potenzial fördern, ganz egal, was man sich ursprünglich für das Kind ausgedacht hatte.

Affirmationen

✸ Ich achte die Wünsche meines Kindes und unterstütze es dabei, wo ich kann.

✸ Ich respektiere den Seelenauftrag meines Kindes.

Aufgabe

✸ Finde gemeinsam mit deinem Kind seine Träume, Wünsche und Visionen heraus. Behandle das entgegengebrachte Vertrauen liebevoll und respektiere die jetzige Entscheidung. Vertraue darauf, dass deinem Kind eine Intelligenz innewohnt, die es genau dahin führt, wo es sein will.

75

Nutze die Kraft der Imagination

Das Warten auf die Erfüllung ist für viele mitunter die schwerste aller Prüfungen. Waren wir anfangs noch so sicher, schwindet mit jedem Tag, der verstreicht, immer mehr an Hoffnung und Zuversicht.

Das ist oft genau der Moment, wo wir – ganz unbewusst, dafür aber sehr massiv – an der Verhinderung unserer Wunscherfüllung arbeiten. Wenn wir nicht mehr so richtig von der Erfüllung unseres Wunsches überzeugt sind, bauen wir parallel zu unserem Wunsch Visionen und Bilder der Begrenzung und Abwesenheit unseres Wunsches auf. Auch diese Bilder sind nichts anderes als ein Schöpfungsprozess. Wir erschaffen und manifestieren unsere Begrenzung. Meist verbergen sich diese Zweifel in Fragen wie: »Wann erfüllt es sich denn endlich?«, oder: »Noch ist es nicht so weit. Mache ich was falsch?«

Solange du Bilder und Gefühle des Zweifels oder der Ungeduld in dir trägst, beschäftigst du dich mit der Abwesenheit deines Wunsches und schenkst ihr mehr Energie. Du rufst deine Visionen – kaum dass du sie erschaffen hast – schon wieder zurück.

Manchmal fällt es uns eben doch etwas schwer, zu 100 Prozent und ausnahmslos von der Erfüllung unseres Wunsches überzeugt zu sein.

Um über diese Stufe hinauszukommen, ist es sehr hilfreich, unseren Visionen eine körperliche Erfahrung zu geben.

Wenn wir unseren Wunsch aufgeschrieben und ihn uns bildlich vorgestellt haben, erzählen wir uns, was wir bereits haben. Wir teilen also nicht mit, was wir uns wünschen; wir sagen nicht: »Ich wünsche mir eine wundervolle Partnerschaft«, sondern: »Ich *habe* eine wundervolle Partnerschaft.« Wir erzählen uns, wie wundervoll unsere

Partnerschaft bereits ist. Indem wir es uns mitteilen, arbeiten wir an unserer mentalen Kraft sehr viel nachhaltiger. Wir überzeugen uns von unserem Ist-Zustand.

Aus einer rein gedanklichen Erfahrung
wird eine körperliche Erfahrung.

Durch das Aussprechen deiner Wünsche in den schönsten, farbenprächtigsten Bildern wird deine Vorstellungskraft intensiviert. Du beschäftigst dich nicht mehr mit dem Mangel oder der Abwesenheit deines Wunsches. Du imaginierst dich in eine Welt der Fülle und verbindest dich auf diese Weise mit der Fülle.

Achte darauf, dass deine Stimme dabei weich und angenehm klingt. Dein Körper nimmt die Schwingung deiner Stimme auf. Du beginnst, dich nun auch rein physisch mit der Erfüllung deines Wunsches zu identifizieren.

Anschließend setze dich noch einmal in aller Ruhe hin und stelle dir den Wunsch erneut bildlich vor. Gehe in deine Visionskraft. Gelingt es dir nun leichter, deine Bilder aufzubauen? Fallen dir weitere Details ein?

Mag der Verstand dir anfangs auch noch so sehr vorhalten, dieses Verhalten sei kindisch: Bald wird er sich mit dir gemeinsam über das Ergebnis freuen und beim nächsten Mal ebenso begeistert mitmachen.

Affirmationen

❋ Meine Vorstellungskraft bestärkt mich im Erreichen meines Zieles.

❋ Ich bereite mich optimal auf meine Ziele vor.

Aufgabe

❋ Sprich deine Wünsche laut aus, male sie dir dabei in den schönsten, farbenprächtigsten Bildern vor.

76

Mach dir deine unbewussten Überzeugungen bewusst

Wenn unser Wunsch nicht eintrifft, gibt es meist einen zweiten, unbewussten Wunsch, der stärker ist als der erste. Dieser zweite Wunsch arbeitet dann mit Sicherheit gegen den ersten, und zwar dauerhafter und mit einer wesentlich größeren Kraft. Dieser zweite, gegenläufige Wunsch verkleidet sich oft in Form eines Zweifels oder einer anderen festen Überzeugung.

Das Seltsame ist (wir haben es bereits in einer früheren Regel angesprochen): Die meisten unserer unbewussten Überzeugungen stammen nicht von uns. Sehr oft sind es die Überzeugungen unserer Eltern, Großeltern oder unserer Geschwister, manchmal auch unserer Lehrer, Freunde und Bekannten. Genau genommen hat jeder, der in unserem Leben in irgendeiner Art und Weise eine entscheidende Rolle gespielt hat, an unserem Glauben Anteil. Vor langer, langer Zeit, als wir auf die Welt kamen, und natürlich noch lange bevor wir überhaupt zu denken begonnen haben, wurde uns bereits beigebracht, wer wir sind und wie wir auf andere wirken. Wir lernten bereits sehr früh, uns zu bewerten, und natürlich auch, uns zu verurteilen. Wir alle kennen Sätze, die dazu angetan waren, uns kleinzumachen.

Das bedeutet, dass unsere heutigen Überzeugungen im Unterbewusstsein möglicherweise – ja sogar mit ziemlicher Sicherheit – dem widersprechen, was wir uns im Leben wünschen. Denn hätten wir eine andere unbewusste *positive* Überzeugung, wäre doch bereits alles anders.

Hinzu kommt, dass unser Bewusstsein nur zu 5 Prozent aktiv ist. Zu 95 Prozent wird unser Leben von Überzeugungen aus dem Unterbewusstsein gesteuert! Und diese Programme entstanden zum größten Teilen unserer Kindheit. Wir haben all die Meinungen aus unserer Kindheit verinnerlicht: Wir halten uns für schlecht, minderwertig, hässlich, faul, unanständig, unwichtig, ungezogen oder lächerlich. Wir bestrafen uns sogar genauso, wie es unsere Eltern mit uns gemacht haben, wenn wir einen kleinen Fehltritt begehen. Wir lehnen Persönlichkeitsanteile in uns so ab, wie man es uns in unserer Kindheit und in unserer Jugend beigebracht hat.

Wenn du also nicht so bist, wie du gerne sein möchtest, solltest du dich fragen, ob dich deine unbewussten Überzeugungen sabotieren. Solange diese Programme anders laufen als deine Wünsche, stehst du auf verlorenem Posten. Das unbewusste Programm, also deine Meinung über dich selbst, wird sich immer wieder durchsetzen.
Solange du glaubst, dick, hässlich oder unansehnlich zu sein, wirst du unbewusst diesen Zustand anstreben. Wir können aber diesen Kreislauf der negativen Überzeugungen wieder verlassen und zu der Person werden, die wir gerne sein wollen, und zwar schneller als vermutet.

Genau darauf zielen die meisten dieser Wunschregeln ab.

Affirmationen

✽ Ich bleibe bei meiner positiven Überzeugung über mich selbst.

✽ Ich mache mir meine negativen Überzeugungen bewusst und lasse sie los.

Aufgabe

✽ Ohne die richtigen, positiven Überzeugungen bleibt alles beim Alten! Mache dir deine Meinung über dich bewusst. Schreibe sie auf. Überlege, wie sie entstanden ist. Mehr musst du nicht tun. Erst wenn du dir wirklich bewusst bist, was du über dich denkst, können andere Regeln wirkungsvoll greifen.

77

Betrachte dich als Teil der Welt

Durch das Gesetz der Resonanz wissen wir nun, dass wir mit allem und jedem verbunden sind, und zwar stärker, als wir mit unseren Sinnen wahrnehmen können.

Durch diese Verbundenheit mit allen anderen können wir die Karten unseres Lebens komplett neu mischen. Denn wir erhalten dadurch die Möglichkeit, alles in unserem Leben zu verändern – gleichgültig ob wir eine tiefe, wahre Liebesbeziehung oder Freunde suchen oder aber durch materielle Dinge in unserem Leben Bestätigung finden wollen. Weil wir mit allen verbunden sind, bringt unser Resonanzfeld, das wir durch unsere Gedanken und unseren Glauben in uns erzeugen, auch das Resonanzfeld anderer zum Schwingen.

Wenn wir diese Fähigkeit gezielt anwenden, verfügen wir über die Möglichkeit, unser Leben nach unserem Willen umzugestalten. Voraussetzung dafür ist, dass wir den wahren Gehalt unserer Überzeugungen und Gedanken kennen und dadurch lernen, sie bewusst zu lenken, ohne dass Zweifel oder Minderwertigkeitsgefühle Zugang zu uns finden.

Je mehr wir jedoch glauben, von allem um uns herum getrennt zu sein, den Dingen ohnmächtig gegenüberzustehen, alles sei nur zufällig und unser Leben bestehe aus einer nicht überschaubaren chaotischen Abfolge ..., desto mehr werden wir uns exakt in dieses selbst erschaffene Leben hineinbewegen. Gleichzeitig fühlen wir eine Leere und Einsamkeit in uns, weil wir uns vom Schöpfertum abschneiden, das in jedem von uns ruht.

Kein Wunder, dass wir aus dieser Einsamkeit heraus versuchen, unser Leben mit Oberflächlichem zu füllen. Deshalb hecheln wir Zielen nach, die uns niemals glücklich machen können, weil sie uns stets bloß an der

Oberfläche berühren. Solange wir uns weiterhin von der eigenen Kreativität trennen, solange wir uns nicht selber als Schöpfer unseres Lebens betrachten, wird unser Leben tatsächlich in nicht überschaubaren und scheinbar zufälligen Ereignissen auf uns einströmen.

Aber auch hier hauchen wir unserem Leben genau diese Prägung ein. Wir erschaffen den Zustand, über den wir uns so bitterlich beschweren. Das ursprüngliche Potenzial liegt in uns. Nichts auf dieser Welt kann ohne diese ursächliche Energie existieren.

Was bedeutet dies nun in der Konsequenz? Wir können jederzeit aus der bisher von uns geschaffenen Welt aussteigen. Wir müssen nichts anderes tun, als unsere Perspektive ein bisschen zu verändern.

Sobald wir uns als einen Teil dieser Welt betrachten und nicht mehr als etwas von ihr Getrenntes, haben wir den ersten Schritt getan, um all unsere Wünsche und Sehnsüchte in unser Leben zu ziehen. Wenn wir verstehen, auf welche Weise wir mit allem verbunden sind, haben wir Zugang zur größten uns innewohnenden Kraft.

Affirmationen

❋ Ich bin in Liebe verbunden mit mir und meinem Umfeld.

❋ Ich verbinde mich bewusst mit der Schöpferkraft.

Aufgabe

❋ Gehe heute ganz bewusst spazieren und sage in Gedanken zu allem, was dir begegnet: »Ich bin verbunden mit dir.« Spüre in dich hinein, was sich verändert, und du wirst sehen: Ein tiefes Glücksgefühl wird sich einstellen.

Ich strahle Harmonie
und Liebe aus.